Ⓒ

LE ROI S'AMUSE

PAR

VICTOR HUGO

ILLUSTRÉ DE DOUZE DESSINS

PAR BEAUCÉ & RIOU

65 CENTIMES L'OUVRAGE COMPLET

PARIS

J. HETZEL, ÉDITEUR, 18, RUE JACOB

LE ROI S'AMUSE

PAR

VICTOR HUGO

PREFACE.

L'apparition de ce drame au théâtre a donné lieu à un acte ministériel inouï.

Le lendemain de la première représentation, l'auteur reçut de monsieur Jouslin de la Salle, directeur de la scène au Théâtre-Français, le billet suivant, dont il conserve précieusement l'original :

« Il est dix heures et demie, et je reçois à l'instant l'or- « dre (1) de suspendre les représentations du *Roi s'amuse*. « C'est monsieur Taylor qui me communique cet ordre de « la part du ministre.

« Ce 23 novembre. »

Le premier mouvement de l'auteur fut de douter. L'acte était arbitraire au point d'être incroyable.

En effet, ce qu'on a appelé la *Charte-Vérité* dit : « Les Français ont *le droit de publier...* » Remarquez que le

(1) Le mot est souligné dans le billet écrit.

texte ne dit pas seulement *le droit d'imprimer*, mais largement et grandement *le droit de publier*. Or, le théâtre n'est qu'un moyen de publication comme la presse, comme la gravure, comme la lithographie. La liberté du théâtre est donc implicitement écrite dans la Charte, avec toutes les autres libertés de la pensée. La loi fondamentale ajoute : « *La censure ne pourra jamais être rétablie.* » Or, le texte ne dit pas *la censure des journaux, la censure des livres*, il dit *la censure*, la censure en général, toute censure, celle du théâtre comme celle des écrits. Le théâtre ne saurait donc désormais être légalement censuré.

Ailleurs la Charte dit : *La confiscation est abolie.* Or, la suppression d'une pièce de théâtre après la représentation n'est pas seulement un acte monstrueux de censure et d'arbitraire, c'est une véritable confiscation, c'est une propriété violemment dérobée au théâtre et à l'auteur.

Enfin, pour que tout soit net et clair, pour que les quatre ou cinq grands principes sociaux que la Révolution

1　　　　　　　　　　　　　　　　　　　　　1

française a coulés en bronze restent intacts sur leurs piédestaux de granit, pour qu'on ne puisse attaquer sournoisement le droit commun des Français avec ces quarante mille vieilles armes ébréchées que la rouille et la désuétude dévorent dans l'arsenal de nos lois, la Charte, dans un dernier article, abolit expressément tout ce qui, dans les lois antérieures, serait contraire à son texte et à son esprit.

Ceci est formel. La suppression ministérielle d'une pièce de théâtre attente à la liberté par la censure, à la propriété par la confiscation. Tout notre droit public se révolte contre une pareille voie de fait.

L'auteur, ne pouvant croire à tant d'insolence et de folie, courut au théâtre. Là, le fait lui fut confirmé de toutes parts. Le ministre avait, en effet, de son autorité privée, de son droit divin de ministre, intimé l'*ordre* en question. Le ministre n'avait pas de raison à donner. Le ministre lui avait pris sa pièce, lui avait pris son droit, lui avait pris sa chose. Il ne restait plus qu'à le mettre, lui poète, à la Bastille.

Nous le répétons, dans le temps où nous vivons, lorsqu'un pareil acte vient vous barrer le passage et vous prendre brusquement au collet, la première impression est un profond étonnement. Mille questions se présent dans votre esprit. — Où est la loi? Où est le droit? Est-ce que cela peut se passer ainsi? Est-ce qu'il y a eu, en effet, quelque chose qu'on a appelé la Révolution de juillet? Il est évident que nous ne sommes plus à Paris. Dans quel pachalik vivons-nous? —

La Comédie-Française, stupéfaite et consternée, voulut essayer encore quelques démarches auprès du ministre pour obtenir la révocation de cette étrange décision; mais elle perdit sa peine. Le divan, le me trompe, le conseil des ministres s'était assemblé dans la journée. Le 23, ce n'était qu'un ordre du ministre; le 24, ce fut un ordre du ministère. Le 23, la pièce n'était que *suspendue*; le 24, elle fut définitivement *défendue*. Il fut même enjoint au théâtre de rayer de son affiche ces quatre mots redoutables: *Le Roi s'amuse*. Il lui fut enjoint, en outre, à ce malheureux Théâtre-Français, de n'en pas se plaindre et de ne souffler mot. Peut-être serait-il beau, loyal et noble de résister à un despotisme si asiatique; mais les théâtres n'osent pas. La crainte du retrait de leurs privilèges les fait serfs et sujets, taillables et corvéables à merci, eunuques et muets.

L'auteur demeura et dut demeurer étranger à ces démarches du théâtre. Il ne dépend, lui poète, d'aucun ministre. Ces prières et ces sollicitations que son intérêt mesquinement consulté lui conseillait peut-être, son devoir de libre écrivain les lui défendait. Demander grâce au pouvoir, c'est le reconnaître. La liberté et la propriété ne sont pas choses d'antichambre. Un droit ne se traite pas comme une faveur. Pour une faveur, réclamez devant le ministre; pour un droit, réclamez devant le pays.

C'est donc au pays qu'il s'adresse. Il a deux voies pour obtenir justice, l'opinion publique et les tribunaux. Il les choisit toutes deux.

Devant l'opinion publique, le procès est déjà jugé et gagné. Et ici l'auteur doit remercier hautement toutes les personnes graves et indépendantes de la littérature et des arts, qui lui ont donné dans cette occasion tant de preuves de sympathie et de cordialité. Il comptait d'avance sur leur appui. Il sait que, lorsqu'il s'agit de lutter pour la liberté de l'intelligence et de la pensée, il n'ira pas seul au combat.

Et, disons-le ici en passant, le pouvoir, par un assez lâche calcul, s'était flatté d'avoir pour auxiliaires, dans cette occasion, jusque dans les rangs de l'opposition, les passions littéraires soulevées depuis si longtemps autour de l'auteur. Il avait cru les haines littéraires plus tenaces encore que les haines politiques, se fondant sur ce que les premières ont leurs racines dans les amours-propres, et les secondes seulement dans les intérêts. Le pouvoir s'est trompé. Son acte brutal a révolté les hommes honnêtes dans tous les camps. L'auteur a vu se rallier à lui, pour faire face à l'arbitraire et à l'injustice, ceux-là même qui l'attaquaient le plus violemment la veille. Si par hasard quelques haines invétérées ont persisté, elles regrettent maintenant le secours momentané qu'elles ont apporté au pouvoir. Tout ce qu'il y a d'honorable et de loyal parmi les ennemis de l'auteur est venu lui tendre la main, quitte à recommencer le combat littéraire aussitôt que le combat politique sera fini. En France, quiconque est persécuté n'a plus d'ennemis que le persécuteur.

Si maintenant, après avoir établi que l'acte ministériel est odieux, inqualifiable, impossible en droit, nous voulons bien descendre pour un moment à le discuter comme fait matériel et à chercher de quels éléments ce fait semble devoir être composé, la première question qui se présente est celle-ci, et il n'est personne qui ne se la soit faite: — Quel peut être le motif d'une pareille mesure?

Il faut bien le dire, parce que cela est, et que, si l'avenir s'occupe un jour de nos petits hommes et de nos petites choses, cela ne sera pas le détail le moins curieux de ce curieux événement; il paraît que nos faiseurs de censure se prétendent scandalisés dans leur morale par *le Roi s'amuse*; cette pièce a révolté la pudeur des gendarmes; la brigade Léotaud y était et l'a trouvée obscène; le huraud des mœurs s'est voilé la face; monsieur Vidocq a rougi. Enfin le mot d'ordre que la censure a donné à la police, et que l'on balbutie depuis quelques jours autour de nous, le voici tout net: *C'est que la pièce est immorale.* — Holà! mes maîtres! silence sur ce point.

Expliquons-nous pourtant, non pas avec la police à laquelle, moi, honnête homme, je défends de parler de ces matières, mais avec le petit nombre de personnes respectables et consciencieuses qui, sur des ouï-dire ou après avoir mal entrevu la représentation, se sont laissé entraîner à partager cette opinion, pour laquelle peut-être le nom seul du poète inculpé aurait dû être une suffisante réfutation. Le drame est imprimé aujourd'hui. Si vous n'étiez pas à la représentation, lisez; si vous y étiez, lisez encore. Souvenez-vous que cette représentation a été moins une représentation qu'une bataille, une espèce de bataille de Monthléry (qu'on nous passe cette comparaison un peu ambitieuse) où les Parisiens et les Bourguignons ont prétendu chacun de leur côté avoir *empoché la victoire,* comme dit Mathieu.

La pièce est immorale? croyez-vous? Est-ce par le fond? Voici le fond. Triboulet est difforme, Triboulet est malade, Triboulet est bouffon de cour; triple misère qui le rend méchant. Triboulet hait le roi parce qu'il est le roi, les seigneurs parce qu'ils sont les seigneurs, les hommes parce qu'ils n'ont pas tous une bosse sur le dos. Son seul passetemps est d'entre-heurter sans relâche les seigneurs contre le roi, brisant le plus faible au plus fort. Il déprave le roi, il le corrompt, il l'abrutit; il le pousse à la tyrannie, à l'ignorance, au vice; il le lâche à travers toutes les familles des gentilshommes, lui montrant sans cesse du doigt la femme à séduire, la sœur à enlever, la fille à déshonorer. Le roi dans les mains de Triboulet n'est qu'un pantin tout-puissant qui brise toutes les existences au milieu desquelles le fait jouer. Un jour, au milieu d'une fête, au moment même où Triboulet pousse le roi à enlever la femme de monsieur de Cossé, monsieur de Saint-Vallier pénètre jusqu'au roi et lui reproche hautement le déshonneur de Diane de Poitiers Ce père auquel ie roi a pris sa fille, Triboulet le raille et l'insulte. Le père lève le bras et maudit Triboulet. De ceci découle toute la pièce. Le sujet véritable du drame, c'est *la malédiction de monsieur de Saint-Vallier*. Ecoutez. Vous êtes au second acte. Cette malédiction, sur qui est-elle tombée? Sur Triboulet fou du roi? Non. Sur Triboulet qui est homme, qui est père, qui a un cœur, qui a une fille. Triboulet a une fille, tout est là. Triboulet n'a que sa fille au monde; il la cache à tous les yeux, dans un quartier désert, dans une maison solitaire. Plus il fait circuler dans la ville la contagion de la débauche et du vice, plus il tient sa fille isolée et murée. Il élève son enfant dans l'innocence, dans la foi et dans la pudeur. Sa plus grande crainte est qu'elle ne tombe dans le mal, car il sait, lui méchant, tout ce qu'on y souffre. Eh bien! la malédiction du vieillard atteindra Triboulet dans la seule chose qu'il aime au monde, dans sa fille. Ce même roi que Triboulet pousse au rapt, ravira sa fille, à Triboulet. Le bouffon sera frappé par la Providence exactement de la même manière que M. de Saint-Vallier. Et puis, une fois sa fille séduite et perdue, il tendra un piège au roi pour la venger; c'est sa fille qui y tombera. Ainsi Triboulet a deux élèves, le roi et sa fille, le roi qu'il dresse au vice, sa fille qu'il fait croître pour la vertu. L'un perdra l'autre. Il veut enlever pour le roi madame de Cossé, c'est sa fille qu'il enlève. Il veut assassiner le roi pour venger sa fille, c'est sa fille qu'il assassine. Le châtiment ne s'arrête pas à moitié chemin; la malédiction du père de Diane s'accomplit sur le père de Blanche.

Sans doute ce n'est pas à nous de décider si c'est là une idée dramatique, mais à coup sûr c'est là une idée morale.

Au fond de l'un des autres ouvrages de l'auteur, il y a la fatalité. Au fond de celui-ci, il y a la Providence.

Nous le redisons expressément, ce n'est pas avec la police que nous discutons ici, nous ne lui faisons pas tant d'honneur, c'est avec la partie du public à laquelle cette discussion peut sembler honnête. Poursuivons.

Si l'ouvrage est moral par l'invention, est-ce qu'il serait immoral par l'exécution? La question ainsi posée nous paraît se détruire d'elle-même, mais voyons. Probablement rien d'immoral au premier et au second acte. Est-ce la situation du troisième qui vous choque? lisez ce troisième acte, et dites-nous, en toute probité, si l'impression qui en résulte n'est pas profondément chaste, vertueuse et honnête?

Est-ce le quatrième acte? Mais depuis quand n'est-il plus permis à un roi de courtiser sur la scène une servante d'auberge? Cela n'est même nouveau ni dans l'histoire ni au théâtre. Il y a mieux, l'histoire nous permettait de vous montrer François Ier ivre dans les bouges de la rue du Pélican. Mener un roi dans un mauvais lieu, cela ne serait pas même nouveau non plus. Le théâtre grec, qui est le théâtre classique, l'a fait; Shakspeare, qui est le théâtre romantique, l'a fait; eh bien! l'auteur de drame ne l'a pas fait. Il sait tout ce qu'on a écrit de la maison de Saltabadil. Mais pourquoi lui faire dire ce qu'il n'a pas dit? pourquoi lui faire franchir de force une limite qui est tout en pareil cas et qu'il n'a pas franchie? Cette bohémienne Maguelone, tant calomniée, n'est, assurément, pas plus effrontée que toutes les Lisettes et toutes les Martons du vieux théâtre. La cabane de Saltabadil est une hôtellerie, une taverne, le cabaret de *la Pomme du Pin*, une auberge suspecte, un coupe-gorge, soit; mais non un lupanar. C'est un lieu sinistre, terrible, horrible, effroyable, si vous voulez, ce n'est pas un lieu obscène.

Restent donc les détails du style. Lisez (1). L'auteur ac-

(1) La confiance de l'auteur dans le résultat de la lecture est

cepte pour juges de la sévérité austère de son style les personnes mêmes qui s'effarouchent de la nourrice de Juliette et du père d'Ophélia, de Beaumarchais et de Regnard, de l'*Ecole des Femmes* et d'*Amphitrion*, de Dandin et de Sganarelle, et de la grande scène du *Tartufe*, du *Tartufe*, accusé aussi d'immoralité dans son temps! seulement, là où il fallait être franc, il a cru devoir l'être, à ses risques et périls, mais toujours avec gravité et mesure. Il veut l'art chaste, et non l'art prude.

Le voilà pourtant cette pièce contre laquelle le ministère cherche à soulever tant de préventions! Cette immoralité, cette obscénité, la voilà mise à nu. Quelle pitié! Le pouvoir avait ses raisons cachées, et nous les indiquerons tout à l'heure, pour ameuter contre le *Roi s'amuse* le plus de préjugés possible. Il aurait bien voulu que le public en vînt à étouffer cette pièce sans l'entendre pour un tant imaginaire, comme Othello étouffe Desdémona. *Honest Iago!*

Mais comme il se trouve qu'Othello n'a pas étouffé Desdémona, c'est Iago qui se démasque et qui s'en charge. Le lendemain de la représentation, la pièce est défendue *par ordre*.

Certes, si nous daignions descendre encore un instant à accepter pour une minute cette fiction ridicule, que dans cette occasion c'est le soin de la morale publique qui émeut nos maîtres, et que, scandalisés de l'état de licence où certains théâtres sont tombés depuis deux ans, ils ont voulu à la fin, poussés à bout, faire, à travers toutes les lois et tous les droits, un exemple sur un ouvrage et sur un écrivain, certes, le choix de l'ouvrage serait singulier, il faut en convenir, mais le choix de l'écrivain ne le serait pas moins. Et, en effet, quel est l'homme auquel ce pouvoir myope s'attaque si étrangement? C'est un écrivain ainsi placé que, si son talent peut être contesté de tous, son caractère ne l'est de personne. C'est un honnête homme avéré, prouvé et constaté, chose rare et vénérable en ce temps-ci. C'est un poëte que cette même licence des théâtres révolterait et indignerait tout le premier; qui, il y a dix-huit mois, sur le bruit que l'inquisition des théâtres allait être illégalement rétablie, est allé de sa personne, en compagnie de plusieurs autres auteurs dramatiques, avertir le ministre qu'il eût à se garder d'une pareille mesure; et qui, là, a réclamé hautement une loi répressive des excès du théâtre, tout en protestant contre la censure avec des paroles sévères que le ministre, à coup sûr, n'a pas oubliées. C'est un artiste dévoué à l'art, qui a jamais cherché le succès par de pauvres moyens, qui s'est habitué toute sa vie à regarder le public fixement et en face. C'est un homme sincère et modéré, qui a déjà livré plus d'un combat pour toute liberté et contre tout arbitraire, qui, en 1829, dans la dernière année de la restauration, a repoussé tout ce que le gouvernement d'alors lui offrait pour le dédomma-

tel, qu'il croit à peine nécessaire de faire remarquer que sa pièce est imprimée telle qu'il l'a faite, et non telle qu'on l'a jouée, c'est-à-dire qu'elle contient un assez grand nombre de détails que le livre imprimé comporte, et qu'il avait retranchés pour les susceptibilités de la scène. Ainsi, par exemple, le jour de la représentation, au lieu de ces vers:

J'ai ma sœur Maguelonne, une fort belle fille
Qui danse dans la rue et qu'on trouve gentille.
Elle attire chez nous le galant une nuit.

Saltabadil a dit :

J'ai ma sœur, une jeune et belle créature,
Qui chez nous aux passants dit la bonne aventure;
Votre homme la viendrait consulter une nuit.

Il y a eu également des variantes pour plusieurs autres vers, mais cela ne vaut pas la peine d'y insister.

ger de l'interdit lancé sur *Marion de Lorme*, et qui, un
an plus tard, en 1850, la révolution de juillet étant faite,
a refusé, malgré tous les conseils de son intérêt matériel,
de laisser représenter cette même *Marion de Lorme*, tant
qu'elle pourrait être une occasion d'attaque et d'insulte
contre le roi tombé qui l'avait proscrite; conduite bien
simple sans doute, que tout homme d'honneur eût tenue à
sa place, mais qui aurait peut-être dû le rendre inviolable
désormais à toute censure, et à propos de laquelle il écri-
vait, lui, en août 1831 :... « Les succès de scandale cher-
« ché et d'allusions politiques ne lui sourient guère, il
« l'avoue. Ces succès valent peu et durent peu. Et, puis,
« c'est précisément quand il n'y a plus de censure qu'il
« faut que les auteurs se censurent eux-mêmes, honnête-
« ment, consciencieusement, sévèrement. C'est ainsi qu'ils
« placeront haut la dignité de l'art. Quand on a toute li-
« berté, il sied de garder toute mesure (1). »
    Jugez maintenant. Vous avez d'un côté l'homme et son
œuvre; de l'autre le ministère et ses actes.
    A présent que la prétendue immoralité de ce drame est
réduite à néant, à présent que tout l'échafaudage des mauvaises et honteuses raisons est là, gisant sous nos pieds, il
serait temps de signaler le véritable motif de la mesure, le
motif d'antichambre, le motif de cour, le motif secret, le
motif qu'on ne dit pas, le motif qu'on n'ose s'avouer à
soi-même, le motif qu'on avait si bien caché sous un prétexte. Ce motif a déjà transpiré dans le public, et le public
a deviné juste. Nous n'en dirons pas davantage. Il est peut-
être utile à notre cause que ce soit nous qui offrions à nos
adversaires l'exemple de la courtoisie et de la modération.
Il est bon que la leçon de dignité et de sagesse soit donnée
par le particulier au gouvernement, par celui qui est persécuté à celui qui persécute. D'ailleurs nous ne sommes
pas de ceux qui pensent guérir leur blessure en empoison-
nant la plaie d'autrui. Il n'est que trop vrai qu'il y a au
troisième acte de cette pièce un vers où la sagacité mala-
droite de quelques familiers du palais a découvert une allusion (je vous demande un peu, moi, une allusion!) à laquelle ni le public ni l'auteur n'avaient songé jusque-là,
mais qui, une fois dénoncée de cette façon, devient la plus
cruelle et la plus sanglante des injures. Il n'est que trop
vrai que ce vers a suffi pour que l'affiche déconcertée du
Théâtre-Français reçût l'ordre de ne plus offrir une seule
fois à la curiosité du public la petite phrase séditieuse : *le
Roi s'amuse*. Ce vers, qui est un fer rouge, nous ne le ci-
terons pas ici; nous ne le signalerons même ailleurs qu'à
la dernière extrémité, et si l'on est assez imprudent pour
y acculer notre défense. Nous ne ferons pas revivre de
vieux scandales historiques. Nous épargnerons autant que
possible à une personne haut placée les conséquences de
cette étourderie de courtisan. On peut faire, même à un
roi, une guerre généreuse. Nous entendons la faire ainsi.
Seulement que les puissants méditent sur l'inconvénient
d'avoir pour ami l'ours qui ne sait écraser qu'avec le pavé
de la censure les allusions imperceptibles qui viennent se
poser sur leur visage.
    Nous ne savons même pas si nous n'aurons pas dans la
lutte quelque indulgence pour le ministère lui-même. Tout
ceci, à vrai dire, nous inspire une grande pitié. Le gouvernement de juillet est tout nouveau né, il n'a que trente-
trois mois, il est encore au berceau, il a de petites fureurs
d'enfant. Mérite-t-il en effet qu'on dépense contre lui beaucoup de colère virile? Quand il sera grand, nous verrons.
    Cependant, à n'envisager la question, pour un instant,
que sous le point de vue privé, la confiscation censoriale
dont il s'agit, cause encore plus de dommage peut-être à

l'auteur de ce drame qu'à tout autre. En effet, depuis qua-
torze ans qu'il écrit, il n'est pas un de ses ouvrages qu'il
n'ait eu l'honneur malheureux d'être choisi pour champ de
bataille à son apparition, et qui n'ait disparu d'abord pendant un temps plus ou moins long sous la poussière, la fumée et le bruit. Aussi quand il donne une pièce au théâtre,
ce qui lui importe avant tout, ce qu'il espère en un auditoire calme dès la première soirée, c'est la série des représentations. S'il arrive que le premier jour sa voix soit
couverte par le tumulte, que sa pensée ne soit pas com-
prise, les jours suivants peuvent corriger le premier jour.
Hernani a eu cinquante-trois représentations; *Marion de
Lorme* a eu soixante et une représentations; *le Roi s'amuse*,
grâce à une violence ministérielle, n'aura eu qu'une représentation. Assurément le tort fait à l'auteur est grand.
Qui lui rendra intacte et au point où elle en était cette troisième expérience si importante pour lui? Qui lui dira de
quoi eût été suivie cette première représentation? Qui lui
rendra le public du lendemain, ce public ordinairement
impartial, ce public sans amis et sans ennemis, ce public
qui enseigne le poëte et que le poëte enseigne?
    Le moment de transition politique où nous sommes est
curieux. C'est un de ces instants de fatigue générale où
tous les actes despotiques sont possibles dans la société
même la plus infiltrée d'idées d'émancipation et de liberté.
La France a marché vite en juillet 1830; elle a fait trois
bonnes journées; elle a fait trois grandes étapes dans le
champ de la civilisation et du progrès. Maintenant beaucoup sont essoufflés, beaucoup demandent à faire halte.
On veut retenir les esprits généreux qui ne se lassent pas
et qui vont toujours. On veut attendre les tardifs qui sont
restés en arrière et leur donner le temps de rejoindre. De
là une crainte singulière de tout ce qui marche, de tout ce
qui remue, de tout ce qui parle, de tout ce qui pense. Situation bizarre, facile à comprendre, difficile à définir. Ce
sont toutes les existences qui ont peur de toutes les idées.
C'est la ligue des intérêts froissés du mouvement des théories. C'est le commerce qui s'effarouche des systèmes ; c'est
le marchand qui veut vendre ; c'est la rue qui effraie le
comptoir ; c'est la boutique armée qui se défend.
    A notre avis, le gouvernement abuse de cette disposition
au repos et de cette crainte des révolutions nouvelles. Il
en est venu à tyranniser petitement. Il a tort pour lui et
pour nous. S'il croit qu'il y a maintenant indifférence
dans les esprits pour les idées de liberté, il se trompe ;
il n'y a que lassitude. Il lui sera demandé sévèrement
compte un jour de tous les actes illégaux que nous voyons
s'accumuler depuis quelque temps. Que de chemin il nous
a fait faire! Il y a deux ans on pouvait craindre pour l'ordre, on est maintenant à trembler pour la liberté. Des
questions de libre pensée, d'intelligence et d'art, sont tran-
chées impérialement par les vizirs du roi des barricades. Il
est profondément triste de voir comment se termine la
révolution de juillet, *mulier formosa superne*.
    Sans doute, si l'on ne considère que le peu d'importance
de l'ouvrage et de l'auteur dont il est ici question, la mesure ministérielle qui les frappe n'est pas grand'chose. Ce
n'est qu'un méchant petit coup d'Etat littéraire, qui n'a
d'autre mérite que de ne pas trop dépareiller la collection
d'actes arbitraires à laquelle il fait suite. Mais, si l'on s'é-
lève plus haut, on verra qu'il ne s'agit pas seulement dans
cette affaire d'un drame et d'un poëte, mais, nous l'avons
dit en commençant, que la liberté et la propriété sont toutes deux, sont tout entières engagées dans la question. Ce
sont là de hauts et sérieux intérêts ; et, quoique l'auteur
soit obligé d'entamer cette importante affaire par un simple procès commercial au Théâtre-Français, ne pouvant
attaquer directement le ministère, barricadé derrière les

fins de non-recevoir du conseil d'Etat, il espère que sa cause sera aux yeux de tous une grande cause, le jour où il se présentera à la barre du tribunal consulaire, avec la liberté à sa droite et la propriété à sa gauche. Il parlera lui-même, au besoin, pour l'indépendance de son art. Il plaidra son droit fermement, avec gravité et simplicité, sans haine des personnes et sans crainte aussi. Il compte sur le concours de tous, sur l'appui franc et cordial de la presse, sur la justice de l'opinion, sur l'équité des tribunaux. Il réussira, il n'en doute pas. L'état de siége sera levé dans la cité littéraire comme dans la cité politique.

Quand cela sera fait, quand il aura rapporté chez lui, intacte, inviolable et sacrée, sa liberté de poëte et de citoyen, il se remettra paisiblement à l'œuvre de sa vie dont on l'arrache violemment et qu'il eût voulu ne jamais quitter un instant. Il a besogne à faire, il le sait, et rien ne l'en distraira. Pour le moment un rôle politique lui vient; il ne l'a pas cherché, il l'accepte. Vraiment, le pouvoir qui s'attaque à nous n'aura pas gagné grand'chose à ce que nous, hommes d'art, nous quittions notre tâche consciencieuse, tranquille, sincère, profonde, notre tâche sainte, notre tâche du passé et de l'avenir, pour aller nous mêler, indignés, offensés et sévères, à cet auditoire irrévérent et railleur, qui depuis quinze ans regarde passer, avec des huées et des sifflets, quelques pauvres diables de gâcheurs politiques, lesquels s'imaginent qu'ils bâtissent un édifice social parce qu'ils vont tous les jours à grand'peine, suant et soufflant, brouetter des tas de projets de lois des Tuileries au Palais-Bourbon et du Palais-Bourbon au Luxembourg !

30 novembre 1832.

NOTE

AJOUTÉE À LA CINQUIÈME ÉDITION.

— Décembre 1832.—

L'auteur, ainsi qu'il en avait pris l'engagement, a traduit l'acte arbitraire du gouvernement devant les tribunaux. La cause a été débattue le 19 décembre, en audience solennelle, devant le Tribunal de commerce. Le jugement n'est pas encore prononcé à l'heure où nous écrivons; mais l'auteur compte sur des juges intègres, qui sont jurés en même temps que juges, et qui ne voudront pas démentir leurs honorables antécédents.

L'auteur s'empresse de joindre à cette édition du drame défendu son plaidoyer complet, tel qu'il l'a prononcé. Il est heureux que cette occasion se présente pour remercier et féliciter encore une fois hautement M. Odilon Barrot, dont la belle improvisation, lucide et grave dans l'exposition de la cause, véhémente et magnifique dans la réplique, a fait sur le tribunal et sur l'assemblée cette impression profonde que la parole de cet orateur renommé est habituée à produire sur tous les auditoires. L'auteur est heureux aussi de remercier le public, ce public immense qui encombrait les vastes salles de la Bourse; ce public qui était venu en foule assister, non à un simple débat commercial et privé, mais au procès de l'arbitraire fait par la liberté; ce public auquel des journaux, honorables d'ailleurs, ont reproché à tort, selon nous, des tumultes insé-

parables de toute foule, de toute réunion trop nombreuse pour ne pas être gênée, et qui avaient toujours eu lieu dans toutes les occasions pareilles, et notamment aux derniers procès politiques si célèbres de la Restauration; ce public désintéressé et loyal que certaines autres feuilles, acquises en toute occasion au ministère, ont cru devoir insulter, parce qu'il a accueilli par des murmures et des signes d'antipathie l'apologie officielle d'un acte illégal, révoltant, et par des applaudissements l'écrivain qui venait réclamer fermement en face de tous l'affranchissement de sa pensée. Sans doute, en général, il est à souhaiter que la justice des tribunaux soit troublée le moins possible par des manifestations extérieures d'approbation ou d'improbation; cependant il n'est peut-être pas de procès politique où cette réserve ait pu être observée; et dans la circonstance actuelle, comme il s'agissait ici d'un acte important dans la carrière d'un citoyen, l'auteur range parmi les plus précieux souvenirs de sa vie les marques éclatantes de sympathie qui sont venues lui prêter de tous l'autorité à sa parole, si peu importante par elle-même, et qui lui ont donné le redoutable caractère d'une réclamation générale. Il n'oubliera jamais quels témoignages d'affection et de faveur cette foule intelligente et amie de toutes les idées d'honneur et d'indépendance lui a prodigués avant, pendant et après l'audience. Avec de pareils encouragements, il est impossible que l'art ne se maintienne pas imperturbablement dans la double voie de la liberté littéraire et de la liberté politique.

Paris, 21 décembre 1832.

DISCOURS

PRONONCÉ

PAR MONSIEUR VICTOR HUGO

LE 19 DÉCEMBRE 1832

DEVANT LE TRIBUNAL DE COMMERCE.

Pour contraindre le Théâtre-Français à représenter, et le gouvernement à laisser représenter LE ROI S'AMUSE.

« Messieurs, après l'orateur éloquent qui me prête si généreusement l'assistance puissante de sa parole, je n'aurais rien à dire si je ne croyais de mon devoir de ne pas laisser passer sans une protestation solennelle et sévère l'acte hardi et coupable qui a violé tout notre droit public dans ma personne.

« Cette cause, messieurs, n'est pas une cause ordinaire. Il semble à quelques personnes, au premier aspect, que ce n'est qu'une simple action commerciale, qu'une réclamation d'indemnités pour la non-exécution d'un contrat privé, en un mot, que le procès d'un auteur à un théâtre. Non, messieurs, c'est plus que cela, c'est le procès d'un citoyen à un gouvernement. Au fond de cette affaire, il y a une pièce défendue par ordre; or, une pièce défendue par ordre, c'est la censure, et la Charte abolit la censure; une pièce défendue par ordre, c'est la confiscation, et la Charte abolit la confiscation. Votre jugement, s'il m'est favorable, et il me semble que je vous ferais injure d'en douter, sera un blâme manifeste, quoique indirect, de la censure et de la confiscation. Vous voyez, messieurs, combien l'horizon de la cause s'élève et s'élargit. Je plaide ici pour quelque chose de plus haut que mon intérêt propre; je plaide pour mes droits les plus généraux, pour mon droit de penser et pour mon droit de posséder, c'est-à-dire pour le droit de tous. C'est une cause générale que la mienne, comme c'est une équité absolue que la vôtre. Les petits détails du procès s'effacent devant la question ainsi posée. Je ne suis plus simplement un écrivain, vous n'êtes plus simplement des juges consulaires. Votre conscience est face à face avec la mienne. Sur ce tribunal vous représentez une idée auguste, et moi, à cette barre, j'en représente une autre. Sur votre siège il y a la justice, sur le mien il y a la liberté.

« Or, la justice et la liberté sont faites pour s'entendre. La liberté est juste et la justice est libre.

« Ce n'est pas la première fois, M. Odilon Barrot vous l'a dit avant moi, messieurs, que le Tribunal de commerce aura été appelé à condamner, sans sortir de sa compétence, les actes arbitraires du pouvoir. Le premier tribunal qui a déclaré illégales les ordonnances du 25 juillet 1830, personne ne l'a oublié, c'est le Tribunal de commerce. Vous suivrez, messieurs, ces mémorables antécédents, et, quoique la question soit bien moindre, vous maintiendrez le droit aujourd'hui, comme vous l'avez maintenu alors; vous écouterez, je l'espère, avec sympathie, ce que j'ai à vous dire; vous avertirez par votre sentence le gouvernement qu'il entre dans une voie mauvaise, et qu'il a eu tort de brutaliser l'art et la pensée: vous me rendrez mon droit et mon bien; vous flétrirez au front la police et la censure qui sont venues chez moi, de nuit, me voler ma liberté et ma propriété avec effraction de la Charte.

« Et ce que je dis ici, je le dis sans colère; cette réparation que je vous demande, je la demande avec gravité et modération. A Dieu ne plaise que je gâte la beauté et la bonté de ma cause par des paroles violentes. Qui a le droit a la force, et qui a la force dédaigne la violence.

« Oui, messieurs, le droit est de mon côté. L'admirable discussion de M. Odilon Barrot vous a prouvé victorieusement qu'il n'y a rien dans l'acte ministériel qui a défendu *le Roi s'amuse* que d'arbitraire, d'illégal et d'inconstitutionnel. En vain essayerait-on de faire revivre, pour attribuer la censure au pouvoir, une loi de la terreur, une loi qui ordonne en propres termes aux théâtres de jouer trois fois par semaine les tragédies de *Brutus* et de *Guillaume Tell*, de ne monter que des *pièces républicaines* et d'arrêter les représentations de tout ouvrage qui tendrait, je cite textuellement, *à dépraver l'esprit public et à réveiller la honteuse superstition de la royauté*. Cette loi, messieurs, les appuis actuels de la royauté nouvelle oseraient-ils bien l'invoquer, et l'invoquer contre *le Roi s'amuse?* N'est-elle pas évidemment abrogée dans son texte comme dans son esprit? Faite pour la terreur, elle est morte avec la terreur. N'en est-il pas de même de tous ces décrets impériaux, d'après lesquels, par exemple, le pouvoir aurait non-seulement le droit de censurer les ouvrages de théâtre, mais encore la faculté d'envoyer, selon son bon plaisir et sans jugement, un acteur en prison? Est-ce que tout cela existe à l'heure qu'il est? Est-ce que toute cette législation d'exception et de raccroc n'a pas été solennellement raturée par la Charte de 1830? Nous en appelons au serment sérieux du 9 août. La France de Juillet n'a à compter ni avec le despotisme conventionnel, ni avec le despotisme impérial. La Charte de 1830 ne se laisse bâillonner ni par 1807, ni par 93.

« La liberté de la pensée, dans tous ses modes de publication, par le théâtre comme par la presse, par la chaire comme par la tribune, c'est là, messieurs, une des principales bases de notre droit public. Sans doute il faut pour chacun de ces modes de publication une loi organique, une loi répressive et non préventive, une loi de bonne foi, d'accord avec la loi fondamentale, et qui, en laissant toute carrière à la liberté, emprisonne la licence dans une pénalité sévère. Le théâtre en particulier, comme lieu public, nous nous empressons de le déclarer, ne saurait se soustraire à la surveillance légitime de l'autorité municipale. Eh bien! messieurs, cette loi sur les théâtres, cette loi plus facile à faire peut-être qu'on ne pense communément, et que chacun de nous, poëtes dramatiques, a probablement construite plus d'une fois dans son esprit, cette loi manque, cette loi n'est pas faite. Nos ministres, qui produisent, bon an mal an, soixante-dix à quatre-vingts lois par session, n'ont pas jugé à propos de produire celle-là. Une loi sur les théâtres, cela leur aura paru chose peu urgente. Chose peu urgente en effet, qui n'intéresse que la liberté de la pensée, le progrès de la civilisation, la morale publique, le nom des familles, l'honneur des particuliers, et, à certains moments, la tranquillité de Paris, c'est-à-dire la tranquillité de la France, c'est-à-dire la tranquillité de l'Europe!

« Cette loi de la liberté des théâtres, qui aurait dû être formulée depuis 1830 dans l'esprit de la nouvelle Charte, cette loi manque, je le répète, et manque par la faute du gouvernement. La législation antérieure est évidemment écroulée, et tous les sophismes dont on replâtrerait sa ruine ne la reconstruiraient pas. Donc, entre une loi qui n'existe plus et une loi qui n'existe pas encore, le pouvoir est sans droit pour arrêter une pièce de théâtre. Je n'insisterai pas sur ce que M. Odilon Barrot a si souverainement démontré.

« Ici se présente une objection de second ordre que je vais cependant discuter. — La loi manque, il est vrai, dira-t-on; mais, dans l'absence de la législation, le pouvoir doit-il rester complétement désarmé? Ne peut-il pas paraître tout à coup sur le théâtre une de ces pièces infâmes, faites évidemment dans un but de marchandise et de scandale, où tout ce qu'il y a de saint, de religieux et de moral dans le cœur de l'homme soit effrontément raillé et moqué, où tout ce qui fait le repos de la famille et la paix de la cité soit remis en question, où même des personnes vivantes soient pilloriées sur la scène au milieu des huées de la multitude? la raison d'État n'imposerait-elle pas au gouvernement le devoir de fermer le théâtre à des ouvrages si monstrueux, malgré le silence de la loi? — Je ne sais pas, messieurs, s'il a jamais été fait de pareils ouvrages, je ne veux pas le savoir, je ne le crois pas et je ne veux pas le croire, et je n'accepterais en aucune façon la charge de les dénoncer ici; mais, dans ce cas-là même, je le déclare, tout en déplorant le scandale causé, tout en comprenant que d'autres conseillent au pouvoir d'arrêter sur-le-champ un ouvrage de ce genre, et d'aller ensuite demander aux Chambres un bill d'indemnité, je ne ferai pas, moi, fléchir la rigueur du principe. Je dirais au gouvernement : Voilà les conséquences de votre négligence à présenter une loi aussi pressante que la loi de la liberté théâtrale! vous êtes dans votre tort, réparez-le, hâtez-vous de demander une législation pénale aux Chambres, et, en attendant, poursuivez le drame coupable avec le code de la presse qui, jusqu'à ce que les lois spéciales soient faites, régit, selon moi, tous les modes de publicité. Je dis, selon moi, car ce n'est ici que mon opinion personnelle. Mon illustre défenseur, je le sais, n'admet qu'avec plus de restriction que moi la liberté des théâtres; je parle ici, non avec les lumières du jurisconsulte, mais avec le simple bon sens du citoyen; si je me trompe, qu'on ne prenne acte de mes paroles que contre moi, et non contre mon défenseur. Je le répète, messieurs, je ne ferais pas fléchir la rigueur du principe ; je n'accorderais pas au pouvoir la faculté de confisquer la liberté dans un cas même légitime en apparence, de peur qu'il n'en vint un jour à la confisquer dans tous les cas ; je penserais que réprimer le scandale par l'arbitraire, c'est faire deux scandales au lieu d'un ; et je dirais avec un homme éloquent et grave, qui doit gémir aujourd'hui de la façon dont ses disciples appliquent ses doctrines : *Il n'y a pas de droit au-dessus du droit.*

« Or, messieurs, si un pareil abus de pouvoir, tombant même sur une œuvre de licence, d'effronterie et de diffamation, serait déjà inexcusable, combien ne l'est-il pas davantage et que ne doit-on pas dire quand il tombe sur un ouvrage d'art pur, quand il s'en va choisir, pour la proscrire, à travers toutes les pièces qui ont été données depuis deux ans, précisément une composition sérieuse, austère et morale ! C'est pourtant là ce que le gauche pouvoir qui nous administre a fait en arrêtant *le Roi s'amuse*. M. Odilon Barrot vous a prouvé qu'il avait agi sans droit : je vous prouve, moi, qu'il a agi sans raison.

« Les motifs que les familiers de la police ont murmurés pendant quelques jours autour de nous, pour expliquer la prohibition de cette pièce, sont de trois espèces : il y a la raison morale, la raison politique, et, il faut bien le dire aussi, quoique cela soit risible, la raison littéraire. Virgile raconte qu'il entrait plusieurs ingrédients dans les foudres que Vulcain fabriquait pour Jupiter. Le petit foudre ministériel qui a frappé ma pièce, et que la censure avait forgé pour la police, est fait avec trois mauvaises raisons tordues ensemble, mêlées et amalgamées, *tres imbris torti radios*. Examinons-les l'une après l'autre.

« Il y a d'abord, ou plutôt il y avait, la raison morale. Oui, messieurs, je l'affirme, parce que cela est incroyable, la police a prétendu d'abord que *le Roi s'amuse* était, je cite l'expression, *une pièce immorale*. J'ai déjà imposé silence à la police sur ce point. Elle s'est tue, et elle a bien fait. En publiant *le Roi s'amuse*, j'ai déclaré hautement, non pour la police, mais pour les hommes honorables qui veulent bien me lire, que ce drame était profondément moral et sévère. Personne ne m'a démenti, et personne ne me démentira, j'en ai l'intime conviction au fond de ma conscience d'honnête homme. Toutes les préventions que la police avait un moment réussi à soulever contre la moralité de cette œuvre sont évanouies à l'heure où je parle. Quatre mille exemplaires du livre, répandus dans le public, ont plaidé ce procès chacun de leur côté, et les quatre mille avocats ont gagné ma cause. Dans une pareille matière, d'ailleurs, mon affirmation suffisait. Je ne rentrerai donc pas dans une discussion superflue. Seulement, pour l'avenir comme pour le passé, que la police sache une fois pour toutes que je ne fais pas de pièces immorales. Qu'elle se le tienne pour dit. Je n'y reviendrai plus.

« Après la raison morale, il y a la raison politique. Ici, messieurs, comme je ne pourrais que répéter les mêmes idées en d'autres termes, permettez-moi de vous citer une page de la préface que j'ai attachée au drame (1)............

« Ces ménagements que je me suis engagé à garder, je les garderai, messieurs. Les hautes personnes intéressées à ce que cette discussion reste digne et décente n'ont rien à craindre de moi. Je suis sans colère et sans haine. Seulement que la police ait donné à l'un de mes vers un sens qu'il n'a pas, qu'il n'a jamais eu dans ma pensée, je déclare que cela est insolent, et que cela n'est pas moins insolent pour le roi que pour le poète. Que la police sache une fois pour toutes que je ne fais pas de pièces à allu-

sions. Qu'elle se tienne encore ceci pour dit. C'est aussi là une chose sur laquelle je ne reviendrai plus.

« Après la raison morale et la raison politique, il y a la raison littéraire. Un gouvernement arrêtant une pièce pour des raisons littéraires, ceci est étrange, et ceci n'est pourtant pas sans réalité. Souvenez-vous, si toutefois cela vaut la peine qu'on s'en souvienne, qu'en 1829, à l'époque où les premiers ouvrages dits *romantiques* apparaissaient sur le théâtre, vers le moment où la Comédie-Française recevait *Marion de Lorme*, une pétition, signée par sept personnes, fut présentée au roi Charles X pour obtenir que le Théâtre-Français fût fermé tout bonnement, et de par le roi, aux ouvrages de ce qu'on appelait la *nouvelle école*. Charles X se prit à rire, et répondit spirituellement qu'en matière littéraire il n'avait, comme nous tous, *que sa place au parterre*. La pétition expira sous le ridicule. Eh bien ! messieurs, aujourd'hui plusieurs des signataires de cette pétition sont députés, députés influents de la majorité, ayant part au pouvoir et votant le budget. Ce qu'ils pétitionnaient timidement en 1829, ils ont pu, tout-puissants qu'ils sont, le faire en 1832. La notoriété publique raconte, en effet, que ce sont eux qui, le lendemain de la première représentation, ont abordé le ministre à la chambre des députés, et ont obtenu de lui, sous tous les prétextes moraux et politiques possibles, que *le Roi s'amuse* fût arrêté. Le ministre, homme ingénu, innocent et candide, a bravement pris le change ; il n'a pas su démêler sous toutes ces enveloppes l'animosité directe et personnelle ; il a cru faire de la proscription politique, j'en suis fâché pour lui, on lui a fait faire de la proscription littéraire. Je n'insisterai pas davantage là-dessus. C'est une règle pour moi de m'abstenir des personnalités et des noms propres pris en mauvaise part, même quand il y aurait lieu à de justes représailles. D'ailleurs cette toute petite manigance littéraire m'inspire infiniment moins de colère que de pitié. Cela est curieux, voilà tout. Le gouvernement prêtant main-forte à l'Académie en 1832 ! Aristote redevenu loi de l'État ! une imperceptible contre-révolution littéraire manœuvrant à fleur d'eau au milieu de nos grandes révolutions politiques ! des députés qui ont déposé Charles X travaillant dans un petit coin à restaurer Boileau ! quelle pauvreté !

« Ainsi, messieurs, en admettant pour un instant, ce qui est si invinciblement contesté par nous, que le ministère ait eu le droit d'arrêter *le Roi s'amuse*, il n'a pas eu une raison *raisonnable* à alléguer pour l'avoir fait. Raisons morales, nulles ; raisons politiques, inadmissibles ; raisons littéraires, ridicules. Mais y a-t-il donc quelques raisons personnelles ? Suis-je un de ces hommes qui vivent de diffamation et de désordre, un de ces hommes chez lesquels l'intention mauvaise peut toujours être présupposée, un de ces hommes qu'on peut prendre à toute heure en flagrant délit de scandale, un de ces hommes enfin contre lesquels la société se défend comme elle peut ? Messieurs, l'arbitraire n'est permis contre personne, pas même contre ces hommes-là, s'il en existe. Assurément je ne descendrai pas à vous prouver que je ne suis pas de ces hommes-là. Il est des idées que je ne laisse pas approcher de moi. Seulement j'affirme que le pouvoir a eu tort de venir se heurter à celui qui vous parle en ce moment, et je vous demande la permission, sans entrer dans une apologie inutile, et que nul n'a droit de me demander, de vous redire ici ce que je disais il y a peu de jours au public (1). . .
. . . .

« Messieurs, je me résume. En arrêtant ma pièce, le ministre n'a, d'une part, pas un texte de loi valide à citer :

François 1er.

d'autre part, pas une raison valable à donner. Cette mesure a deux aspects également mauvais : selon la loi elle est arbitraire, selon le raisonnement elle est absurde. Que peut-il donc alléguer dans cette affaire le pouvoir, qui n'a pour lui ni la raison ni le droit? Son caprice, sa fantaisie, sa volonté, c'est-à-dire rien.

« Vous ferez justice, messieurs, de cette volonté, de cette fantaisie, de ce caprice. Votre jugement, en me donnant gain de cause, apprendra au pays, dans cette affaire, qui est petite, comme dans celle des ordonnances de Juillet, qui était grande, qu'il n'y a en France d'autre *force majeure* que celle de la loi, et qu'il y a au fond de ce procès un ordre illégal que le ministre a eu tort de donner, et que le théâtre a eu tort d'exécuter.

« Votre jugement apprendra au pouvoir que ses amis eux-mêmes le blâment loyalement dans cette occasion, que le droit de tout citoyen est sacré pour tout ministre, qu'une fois les conditions d'ordre et de sûreté générale remplies, le théâtre doit être respecté comme une des voix avec lesquelles parle la pensée publique, et qu'enfin, que ce soit

la presse, la tribune ou le théâtre, aucun des soupiraux par où s'échappe la liberté de l'intelligence ne peut être fermé sans péril. Je m'adresse à vous avec une foi profonde dans l'excellence de ma cause. Je ne craindrai jamais, dans de pareilles occasions, de prendre un ministère corps à corps; et les tribunaux sont les juges naturels de ces honorables duels du bon droit contre l'arbitraire; duels moins inégaux qu'on ne pense, car, s'il y a d'un côté tout un gouvernement, et de l'autre rien qu'un simple citoyen, ce simple citoyen est bien fort quand il peut traîner à votre barre un acte illégal, tout honteux d'être ainsi exposé au grand jour, et le souffleter publiquement devant vous, comme je le fais, avec quatre articles de la Charte. .

« Je ne me dissimule pas cependant que l'heure où nous sommes ne ressemble plus à ces dernières années de la Restauration où la résistance aux empiétements du gouvernement était si applaudie, si encouragée, si populaire. Les idées d'immobilité et de pouvoir ont momentanément plus de faveur que les idées de progrès et d'affranchissement. C'est une réaction naturelle après cette brusque reprise de toutes nos libertés au pas de course, qu'on a appelée la Révolution de 1830. Mais cette réaction durera peu. Nos ministres seront étonnés un jour de la mémoire implacable avec laquelle les hommes mêmes qui composent à cette heure leur majorité leur rappelleront tous les griefs qu'on a l'air d'oublier si vite aujourd'hui. D'ailleurs, que ce jour vienne tard ou bientôt, cela ne m'importe guère. Dans cette circonstance, je ne cherche pas plus l'applaudissement que je ne crains l'invective; je n'ai suivi que le conseil austère de mon droit et de mon devoir.

« Je dois le dire ici, j'ai de fortes raisons de croire que le gouvernement profitera de cet engourdissement passager de l'esprit public pour rétablir formellement la censure, et que mon affaire n'est autre chose qu'un prélude, qu'une préparation, qu'un acheminement à une mise hors la loi générale de toutes les libertés du théâtre. En ne faisant pas de loi répressive; en laissant exprès déborder depuis deux ans la licence sur la scène, le gouvernement s'imagine avoir créé dans l'opinion des hommes honnêtes, que cette licence peut révolter, un préjugé favorable à la censure dramatique. Mon avis est qu'il se trompe, et que jamais la censure ne sera en France autre chose qu'une illégalité impopulaire. Quant à moi, que la censure des théâtres soit rétablie par une ordonnance qui serait illégale, ou par une loi qui serait inconstitutionnelle, je déclare que je ne m'y soumettrai jamais que comme on se soumet à un pouvoir de fait, en protestant; et cette protestation, messieurs, je la fais ici solennellement, et pour le présent et pour l'avenir.

« Et observez d'ailleurs comme, dans cette série d'actes arbitraires qui se succèdent depuis quelque temps, le gouvernement manque de grandeur, de franchise et de courage. Cet édifice, beau, quoique incomplet, qu'avait improvisé la Révolution de Juillet, il le mine lentement, souterrainement, sourdement, obliquement, tortueusement. Il nous prend toujours en traître, par derrière, au moment où l'on ne s'y attend pas. Il n'ose pas censurer ma pièce avant la représentation, il l'arrête le lendemain. Il nous conteste nos franchises les plus essentielles; il nous chicane nos facultés les mieux acquises; il échafaude son arbitraire sur un tas de vieilles lois vermoulues et abrogées; il s'embusque, pour nous dérober nos droits, dans cette forêt de Bondy des décrets impériaux, à travers lesquels la liberté ne passe jamais sans être dévalisée.

« Je dois vous faire remarquer ici, en passant, messieurs, que je n'entends franchir dans mon langage aucune des convenances parlementaires. Il importe à ma loyauté qu'on sache bien quelle est la portée précise de mes paroles quand j'attaque le gouvernement dont un membre actuel a dit : *Le roi règne et ne gouverne pas.* Il n'y a pas d'arrière-pensée dans ma polémique. Le jour où je croirai devoir me plaindre d'une personne couronnée, je lui adresserai ma plainte à elle-même, je la regarderai en face, et je lui dirai : Sire! En attendant, c'est à ses conseillers que j'en veux : c'est sur les ministres seulement que tombe ma parole, quoique cela puisse sembler singulier dans un temps où les ministres sont inviolables et les rois responsables.

« Je reprends, et je dis que le gouvernement nous retire petit à petit tout ce que nos quarante ans de révolution nous avaient acquis de droits et de franchises. Je dis que c'est à la probité des tribunaux de l'arrêter dans cette voie fatale pour lui comme pour nous. Je dis que le pouvoir actuel manque particulièrement de grandeur et de courage dans la manière mesquine dont il fait cette opération hasardeuse que chaque gouvernement, par un aveuglement étrange, tente à son tour, et qui consiste à substituer plus

ou moins rapidement l'arbitraire à la constitution, le despotisme à la liberté.

« Bonaparte, quand il fut consul et quand il fut empereur, voulut aussi le despotisme. Mais il fit autrement. Il y entra de front et de plain-pied. Il n'employa aucune des misérables petites précautions avec lesquelles on escamote aujourd'hui une à une toutes nos libertés, les aînées comme les cadettes, celles de 1830 comme celles de 1789. Napoléon ne fut ni sournois ni hypocrite. Napoléon ne nous filouta pas nos droits l'un après l'autre à la faveur de notre assoupissement, comme on fait maintenant. Napoléon prit tout, à la fois, d'un seul coup et d'une seule main. Le lion n'a pas les mœurs du renard.

« Alors, messieurs, c'était grand! L'Empire, comme gouvernement et comme administration, fut assurément une époque d'intolérable tyrannie, mais souvenons-nous que notre liberté nous fut largement payée en gloire. La France d'alors avait, comme Rome sous César, une attitude tout à la fois soumise et superbe. Ce n'était pas la France comme nous la voulons, la France libre, la France souveraine d'elle-même, c'était la France esclave d'un homme et maîtresse du monde.

« Alors on nous prenait notre liberté, c'est vrai; mais on nous donnait un bien sublime spectacle. On disait : Tel jour, à telle heure, j'entrerai dans telle capitale; et l'on y entrait au jour dit et à l'heure dite. On faisait se coudoyer toutes sortes de rois dans ses antichambres. On détrônait une dynastie avec un décret du *Moniteur.* Si l'on avait la fantaisie d'une colonne, on en faisait fournir le bronze par l'empereur d'Autriche. On réglait un peu arbitrairement, je l'avoue, le sort des comédiens français, mais on datait le règlement de Moscou. On nous prenait toutes nos libertés, dis-je, on avait un bureau de censure, on mettait nos livres au pilon, on rayait nos pièces de l'affiche; mais, à toutes nos plaintes, on pouvait faire d'un seul mot des réponses magnifiques, on pouvait nous répondre . Marengo! Iéna! Austerlitz!

« Alors, je le répète, c'était grand; aujourd'hui, c'est petit. Nous marchons à l'arbitraire comme alors, mais nous ne sommes pas des colosses. Notre gouvernement n'est pas de ceux qui peuvent consoler une grande nation de la perte de sa liberté. En fait d'art, nous déformons les Tuileries; en fait de gloire, nous laissons périr la Pologne. Cela n'empêche pas nos petits hommes d'État de traiter la liberté comme s'ils étaient taillés en despotes, et de mettre la France sous leurs pieds, comme s'ils avaient des épaules à porter le monde. Pour peu que cela continue encore quelque temps, pour peu que les lois proposées soient adoptées, la confiscation de tous nos droits sera complète. Aujourd'hui on me fait prendre ma liberté de poëte par un censeur, demain on me fera prendre ma liberté de citoyen par un gendarme; aujourd'hui on me bannit du théâtre, demain on me bannira du pays; aujourd'hui on me bâillonne, demain on me déportera; aujourd'hui l'état de siége est dans la littérature, demain il sera dans la cité. De liberté, de garanties, de Charte, de droit public, plus un mot. Néant. Si le gouvernement, mieux conseillé par ses propres intérêts, ne s'arrête sur cette pente pendant qu'il en est temps encore, avant peu nous aurons tout le despotisme de 1807, moins la gloire. Nous aurons l'Empire sans l'empereur.

« Je n'ai plus que quatre mots à dire, messieurs, et je désire qu'ils soient présents à votre esprit au moment où vous délibérerez. Il n'y a eu dans ce siècle qu'un grand homme, Napoléon, et une grande chose, la liberté. Nous n'avons plus le grand homme, tâchons d'avoir la grande chose. »

LE ROI S'AMUSE

PERSONNAGES.

FRANÇOIS PREMIER.
TRIBOULET.
BLANCHE.
MONSIEUR DE SAINT-VALLIER.
SALTABADIL.
MAGUELONNE.
CLÉMENT MAROT.
MONSIEUR DE PIENNE.
MONSIEUR DE GORDES.
MONSIEUR DE PARDAILLAN.
MONSIEUR DE BRION.

MONSIEUR DE MONTCHENU.
MONSIEUR DE MONTMORENCY.
MONSIEUR DE COSSÉ.
MONSIEUR DE LA TOUR-LANDRY.
MADAME DE COSSÉ.
DAME BÉRARDE.
Un Gentilhomme de la reine.
Un Valet du roi.
Un Médecin.
Seigneurs, Pages.
Gens du Peuple.

Paris, 152..

I

MONSIEUR DE SAINT-VALLIER

ACTE PREMIER

Une fête de nuit au Louvre. Salles magnifiques pleines d'hommes
et de femmes en parure. Flambeaux, musique, danses, éclats
de rire — Des valets portent des plats d'or et des vaisselles
d'émail ; des groupes de seigneurs et de dames passent et re-
passent sur le théâtre. — La fête tire à sa fin ; l'aube blanchit
les vitraux. Une certaine liberté règne ; la fête a un peu le caractère d'une orgie. — Dans l'architecture, dans les ameuble-
ments, dans les vêtements, le goût de la renaissance.

SCÈNE PREMIÈRE.

LE ROI, — comme l'a peint Titien. — MONSIEUR DE LA TOUR-
LANDRY.

LE ROI.
Comte, je veux mener à fin cette aventure.
Une femme bourgeoise, et de naissance obscure
Sans doute, mais charmante !
MONSIEUR DE LA TOUR-LANDRY.
                    Et vous la rencontrez
Le dimanche à l'église ?
LE ROI.
                    A Saint-Germain-des-Prés.
J'y vais chaque dimanche.
MONSIEUR DE LA TOUR-LANDRY.
                    Et voilà tout à l'heure
Deux mois que cela dure ?
LE ROI.
                    Oui.
MONSIEUR DE LA TOUR-LANDRY.
                    La belle demeure ?

LE ROI.
Au cul-de-sac Bussy.
MONSIEUR DE LA TOUR-LANDRY.
                    Près de l'hôtel Cossé ?
LE ROI, avec un signe affirmatif.
Dans l'endroit où l'on trouve un grand mur.
MONSIEUR DE LA TOUR-LANDRY.
                                        Ah ! je sai.
Et vous la suivez, sire ?
LE ROI.
                    Une farouche vieille
Qui lui garde les yeux, et la bouche et l'oreille,
Est toujours là.
MONSIEUR DE LA TOUR-LANDRY.
            Vraiment ?
LE ROI.
                    Et le plus curieux,
C'est que le soir un homme, à l'air mystérieux,
Très-bien enveloppé, pour se glisser dans l'ombre,
D'une cape fort noire et de la nuit fort sombre,
Entre dans la maison.
MONSIEUR DE LA TOUR-LANDRY.
                Hé ! faites de même !
LE ROI.
                            Hein !
La maison est fermée et murée au prochain !
MONSIEUR DE LA TOUR-LANDRY.
Par Votre Majesté quand la dame est suivie,
Vous a-t-elle parfois donné signe de vie ?
LE ROI.
Mais, à certains regards, je crois, sans trop d'erreur,
Qu'elle n'a pas pour moi d'insurmontable horreur.
MONSIEUR DE LA TOUR-LANDRY.
Sait-elle que le roi l'aime ?
LE ROI, avec un signe négatif.
                        Je me déguise
D'une livrée en laine et d'une robe grise.
MONSIEUR DE LA TOUR-LANDRY, riant.
Je vois que vous aimez d'un amour épuré
Quelque auguste Toinon, maîtresse d'un curé !

Entrent plusieurs seigneurs et Triboulet.

LE ROI, *à monsieur de la Tour-Landry.*
Chut! on vient. — En amour il faut savoir se taire
Quand on veut réussir.

Se tournant vers Triboulet, qui s'est approché pendant ces der-
nières paroles et les a entendues.

N'est-ce pas?

TRIBOULET.
Le mystère
Est la seule enveloppe où la fragilité
D'une intrigue d'amour puisse être en sûreté.

SCÈNE II.

LE ROI, TRIBOULET, MONSIEUR DE GORDES, plusieurs
Seigneurs. Les seigneurs superbement vêtus. Triboulet, dans
son costume de fou, comme l'a peint Boniface.

Le roi regarde passer un groupe de femmes.

MONSIEUR DE LA TOUR-LANDRY.
Madame de Vendosme est divine!

MONSIEUR DE GORDES.
Mesdames
D'Albe et de Montchevreuil sont de fort belles femmes.

LE ROI.
Madame de Cossé les passe toutes trois.

MONSIEUR DE GORDES.
Madame de Cossé! sire, baissez la voix.

Lui montrant monsieur de Cossé, qui passe au fond du théâtre.
— Monsieur de Cossé, court et ventru, « un des quatre plus
gros gentilshommes de France, » dit Brantôme.
Le mari vous entend.

LE ROI.
Hé! mon cher Simiane,
Qu'importe!

MONSIEUR DE GORDES.
Il l'ira dire à madame Diane.

LE ROI.
Qu'importe!

Il va au fond du théâtre parler à d'autres femmes qui passent.

TRIBOULET, *à monsieur de Gordes.*
Il va fâcher Diane de Poitiers.
Il ne lui parle pas depuis huit jours entiers.

MONSIEUR DE GORDES.
S'il l'allait renvoyer à son mari?

TRIBOULET.
J'espère
Que non.

MONSIEUR DE GORDES.
Elle a payé la grâce de son père.
Partant, quitte.

TRIBOULET.
A propos du sieur de Saint-Vallier,
Quelle idée avait-il, ce vieillard singulier,
De mettre dans un lit nuptial sa Diane,
Sa fille, une beauté choisie et diaphane,
Un ange que du ciel la terre avait reçu,
Tout pêle-mêle avec un sénéchal bossu!

MONSIEUR DE GORDES.
C'est un vieux fou. — J'étais au échafaud même
Quand il reçut sa grâce. — Un vieillard grave et blême.
— J'étais plus près de lui que je ne suis de toi.
— Il ne dit rien, sinon : Que Dieu garde le roi!
Il est fou maintenant tout à fait.

LE ROI, *passant avec madame de Cossé.*
Inhumaine!
.Vous partez!

MADAME DE COSSÉ, *soupirant.*
Pour Soissons, où mon mari m'emmène.

LE ROI.
N'est-ce pas une honte, alors que tout Paris,
Et les plus grands seigneurs et les plus beaux esprits,
Fixent sur vous des yeux pleins d'amoureuse envie,
A l'instant le plus beau d'une si belle vie,
Quand tous faiseurs de duels et de sonnets, pour vous,
Gardent leurs plus beaux vers et leurs plus fameux coups,
A l'heure où vos beaux yeux, semant partout les flammes,
Font sur tous leurs amants veiller toutes les femmes.
Que vous, qui d'un tel lustre éblouissez la cour,
Que, ce soleil parti, l'on doute s'il fait jour,
Vous alliez, méprisant duc, empereur, roi, prince,
Briller, astre bourgeois, dans un ciel de province!

MADAME DE COSSÉ.
Calmez-vous!

LE ROI.
Non, non, rien. Caprice original
Que d'éteindre le lustre au beau milieu du bal!

Entre monsieur de Cossé.

MADAME DE COSSÉ.
Voici mon jaloux, sire!

Elle quitte vivement le roi.

LE ROI.
Ah! le diable ait son âme!

A Triboulet.
Je n'en ai pas moins fait un quatrain à sa femme!
Marot t'a-t-il montré ces derniers vers de moi?...

TRIBOULET.
Je ne lis pas de vers de vous. — Des vers de roi
Sont toujours très-mauvais.

LE ROI.
Drôle!

TRIBOULET.
Que la canaille
Fasse rimer amour et jour vaille que vaille.
Mais près de la beauté gardez vos lots divers,
Sire, faites l'amour, Marot fera les vers.
Roi qui rime déroge.

LE ROI, *avec enthousiasme.*
Ah! rimer vers les belles,
Cela hausse le cœur. — Je veux mettre des ailes
A mon donjon royal.

TRIBOULET.
C'est en faire un moulin.

LE ROI.
Si je ne voyais là madame de Coislin,
Je te ferais fouetter.

Il court à madame de Coislin et paraît lui adresser quelques
galanteries.

TRIBOULET, *à part.*
Suis le vent qui t'emporte
Aussi vers celle-là.

MONSIEUR DE GORDES, *s'approchant de Triboulet et lui fai-*
sant remarquer ce qui se passe au fond du théâtre.
Voici par l'autre porte
Madame de Cossé. Je te gage ma foi
Qu'elle laisse tomber son gant pour que le roi
Le ramasse.

TRIBOULET.
Observons.

Madame de Cossé, qui voit avec dépit les intentions du roi pour
madame de Coislin, laisse en effet tomber son bouquet. Le roi
quitte madame de Coislin et ramasse le bouquet de madame
de Cossé, avec qui il entame une conversation qui paraît fort
tendre.

MONSIEUR DE GORDES, *à Triboulet.*
L'ai-je dit?

TRIBOULET.
Admirable!

MONSIEUR DE GORDES.
Voilà le roi repris!

TRIBOULET.
Une femme est un diable
Très-perfectionné.

Le roi serre la taille de madame de Cossé, et lui baise la main.
Elle rit et babille gaîment. Tout à coup monsieur de Cossé
entre par la porte du fond. Monsieur de Gordes le fait remarquer à Triboulet. — Monsieur de Cossé s'arrête, l'œil fixé sur
le groupe du roi et de sa femme.

MONSIEUR DE GORDES, *à Triboulet.*
Le mari!

MADAME DE COSSÉ, *apercevant son mari, au roi, qui la tient presque embrassée.*

Quittons-nous ! '

Elle glisse des mains du roi et s'enfuit.

TRIBOULET.

Que vient-il faire ici, ce gros ventru jaloux?

Le roi s'approche du buffet au fond et se fait verser à boire.

MONSIEUR DE COSSÉ, *s'avançant sur le devant du théâtre, tout rêveur.*

A part.

Que se disaient-ils?

Il s'approche avec vivacité de monsieur de la Tour-Landry, qui lui fait signe qu'il a quelque chose à lui dire.

Quoi?

MONSIEUR DE LA TOUR-LANDRY, *mystérieusement.*

Votre femme est bien belle !

Monsieur de Cossé se rebiffe et va à monsieur de Gordes, qui paraît avoir quelque chose à lui confier.

MONSIEUR DE GORDES, *bas.*

Qu'est-ce donc qui vous trotte ainsi par la cervelle?
Pourquoi regardez-vous si souvent de côté?

Monsieur de Cossé le quitte avec humeur et se trouve face à face avec Triboulet, qui l'attire d'un air discret dans un coin du théâtre, pendant que messieurs de Gordes et de la Tour-Landry rient à gorge déployée.

TRIBOULET, *bas à monsieur de Cossé.*

Monsieur, vous avez l'air tout encharibotté !

Il éclate de rire et tourne le dos à monsieur de Cossé, qui sort furieux.

LE ROI, *revenant.*

Oh ! que je suis heureux ! Près de moi, non, Hercule
Et Jupiter ne sont que des fats ridicules !
L'Olympe est un taudis ! — Ces femmes, c'est charmant !
Je suis heureux ! et toi?

TRIBOULET.

Considérablement.

Je ris tout bas du bal, des jeux, des amourettes ;
Moi, je critique, et vous, vous jouissez ; vous êtes
Heureux comme un roi, sire, et moi, comme un bossu.

LE ROI.

Jour de joie ou ma mère en riant m'a conçu !

Regardant monsieur de Cossé, qui sort.

Ce monsieur de Cossé seul dérange la fête.
Comment le semble-t-il?

TRIBOULET.

Outrageusement bête.

LE ROI.

Ah ! n'importe ! excepté ce jaloux, tout me plaît.
Tout pouvoir, tout vouloir, tout avoir, Triboulet !
Quel plaisir d'être au monde, et qu'il fait bon de vivre !
Quel bonheur !

TRIBOULET.

Je crois bien, sire, vous êtes ivre !

LE ROI.

Mais là-bas j'aperçois... les beaux yeux ! les beaux bras !

TRIBOULET.

Madame de Cossé?

LE ROI.

Viens, tu nous garderas !

Il chante.

Vivent les gais dimanches
Du peuple de Paris !
Quand les femmes sont blanches...

TRIBOULET, *chantant.*

Quand les hommes sont gris.

Ils sortent. Entrent plusieurs gentilshommes.

SCÈNE III.

MONSIEUR DE GORDES, MONSIEUR DE PARDAILLAN, jeune page blond; MONSIEUR DE VIC, maître CLÉMENT MAROT, en habit de valet de chambre du roi; puis MONSIEUR DE PIENNE, un ou deux autres gentilshommes. De temps en temps MONSIEUR DE COSSÉ, qui se promène d'un air rêveur et très-sérieux.

CLÉMENT MAROT, *saluant monsieur de Gordes.*

Que savez-vous ce soir?

MONSIEUR DE GORDES.

Rien ; que la fête est belle,
Et que le roi s'amuse.

MAROT.

Ah ! c'est une nouvelle !
Le roi s'amuse? Ah ! diable !

MONSIEUR DE COSSÉ, *qui passe derrière eux.*

Et c'est très-malheureux :
Car un roi qui s'amuse est un roi dangereux.

Il passe outre.

MONSIEUR DE GORDES.

Ce pauvre gros Cossé me met la mort dans l'âme.

MAROT, *bas.*

Il paraît que le roi serre de près sa femme?

Monsieur de Gordes lui fait un signe affirmatif. Entre monsieur de Pienne.

MONSIEUR DE GORDES.

Eh ! voilà ce cher duc !

Ils se saluent.

MONSIEUR DE PIENNE, *d'un air mystérieux.*

Mes amis ! du nouveau !
Une chose à brouiller le plus sage cerveau !
Une chose admirable ! une chose risible !
Une chose amoureuse ! une chose impossible !

MONSIEUR DE GORDES.

Quoi donc?

MONSIEUR DE PIENNE.

Il les ramasse en groupe autour de lui.

Chut !

A Marot, qui est allé causer avec d'autres dans un coin.

Venez çà, maître Clément Marot !

MAROT, *approchant.*

Que me veut monseigneur?

MONSIEUR DE PIENNE.

Vous êtes un grand sot.

Je ne me croyais grand en aucune manière.

MONSIEUR DE PIENNE.

J'ai lu dans votre écrit du siège de Peschière
Ces vers sur Triboulet? « Fou de tête écorné,
Aussi sage à trente ans que le jour qu'il est né... — »
Vous êtes un grand sot !

MAROT.

Que Cupidon me damne
Si je vous comprends !

MONSIEUR DE PIENNE.

Soit !

A monsieur de Gordes.

Monsieur de Simiane,

A monsieur de Pardaillan.

Monsieur de Pardaillan,

Monsieur de Gordes, monsieur de Pardaillan, Marot et monsieur de Cossé, qui est venu se joindre au groupe, font cercle autour du duc.

devinez, s'il vous plaît.
Une chose inouïe arrive à Triboulet.

MONSIEUR DE PARDAILLAN.

Il est devenu droit?

MONSIEUR DE COSSÉ.

On l'a fait connétable?

MAROT.
On l'a servi tout cuit par hasard sur la table?

MONSIEUR DE PIENNE.
Non. C'est plus drôle. Il a... — Devinez ce qu'il a. —
C'est incroyable!

MONSIEUR DE GORDES.
Un duel avec Gargantua!

MONSIEUR DE PIENNE.
Point.

MONSIEUR DE PARDAILLAN.
Un singe plus laid que lui?

MONSIEUR DE PIENNE.
Non pas.

MAROT.
Sa poche
Pleine d'écus?

MONSIEUR DE COSSÉ.
L'emploi du chien du tourne-broche?

MAROT.
Un rendez-vous avec la Vierge au Paradis?

MONSIEUR DE GORDES.
Une âme, par hasard?

MONSIEUR DE PIENNE.
Je vous le donne en dix!
Triboulet le bouffon, Triboulet le difforme,
Cherchez bien ce qu'il a... —quelque chose d'énorme!

MAROT.
Sa bosse?

MONSIEUR DE PIENNE.
Non, il a... — Je vous le donne en cent!
Une maîtresse!

Tous éclatent de rire.

MAROT.
Ah! ah! le duc est fort plaisant.
Le bon conte!

MONSIEUR DE PIENNE.
Messieurs, j'en jure sur mon âme,
Et je vous ferai voir la porte de la dame.
Il y va tous les soirs, vêtu d'un manteau brun,
L'air sombre et furieux, comme un poëte à jeun.
Je lui veux faire un tour. Rôdant à la nuit close,
Près de l'hôtel Cossé, j'ai découvert la chose.
Gardez-moi le secret.

MAROT.
Quel sujet de rondeau!
Quoi! Triboulet la nuit se change en Cupido!

MONSIEUR DE PARDAILLAN, riant.
Une femme à messer Triboulet!

MONSIEUR DE GORDES, riant.
Une selle
Sur un cheval de bois!

MAROT, riant.
Je crois que la donzelle,
Si quelque autre Bedfort débarquait à Calais,
Aurait tout ce qu'il faut pour chasser les Anglais!

Tous rient. Survient monsieur de Vic. Monsieur de Pienne met
son doigt sur sa bouche.

MONSIEUR DE PIENNE.
Chut!

MONSIEUR DE PARDAILLAN, à monsieur de Pienne.
D'où vient que le roi sort aussi vers la brune,
Tous les jours et tout seul, comme cherchant fortune?

MONSIEUR DE PIENNE.
Vic nous dira cela.

MONSIEUR DE VIC.
Ce que je sais d'abord,
C'est que Sa Majesté paraît s'amuser fort.

MONSIEUR DE COSSÉ.
Ah! ne m'en parlez pas!

MONSIEUR DE VIC.
Mais que je me soucie
De quel côté le vent pousse sa fantaisie,
Pourquoi le soir il sort, dans sa cape d'hiver,
Méconnaissable en tout de vêtements et d'air,
Si de quelque fenêtre il se fait une porte,

N'étant pas marié, mes amis, que m'importe!

MONSIEUR DE COSSÉ, hochant la tête.
Un roi, — les vieux seigneurs, messieurs, savent cela, —
Prend toujours chez quelqu'un tout le plaisir qu'il a.
Gare à quiconque a sœur, femme ou fille à séduire!
Un puissant en gaîté ne peut songer qu'à nuire.
Il est bien des sujets de craindre là-dedans.
D'une bouche qui rit on voit toutes les dents.

MONSIEUR DE VIC, bas aux autres.
Comme il a peur du roi!

MONSIEUR DE PARDAILLAN.
Sa femme fort charmante
En a moins peur que lui.

MAROT.
C'est ce qui l'épouvante.

MONSIEUR DE GORDES.
Cossé, vous avez tort. Il est très-important
De maintenir le roi gai, prodigue et content.

MONSIEUR DE PIENNE, à monsieur de Gordes.
Je suis de ton avis, comte! un roi qui s'ennuie,
C'est une fille en noir, c'est un été de pluie.

MONSIEUR DE PARDAILLAN.
C'est un amour sans duel.

MONSIEUR DE VIC.
C'est un flacon plein d'eau.

MAROT, bas.
Le roi revient avec Triboulet-Cupido.

Entrent le roi et Triboulet. Les courtisans s'écartent avec
respect.

SCÈNE IV.

LES MÊMES, LE ROI, TRIBOULET.

TRIBOULET, entrant, et comme poursuivant une conversation commencée.
Des savants à la cour! monstruosité rare!

LE ROI.
Fais entendre raison à ma sœur de Navarre.
Elle veut m'entourer de savants.

TRIBOULET.
Entre nous,
Convenez de ceci, — que j'ai bu moins que vous.
Donc, sire, j'ai sur vous, pour bien juger les choses,
Dans tous leurs résultats et dans toutes leurs causes,
Un avantage immense, et même deux, je crois,
C'est de n'être pas gris et de n'être pas roi.
— Plutôt que des savants, ayez ici la peste,
La fièvre, et cœtera.

LE ROI.
L'avis est un peu leste.
Ma sœur veut m'entourer de savants!

TRIBOULET,
C'est bien mal
De la part d'une sœur. — Il n'est pas d'animal,
Pas de corbeau goulu, pas de loup, pas de chouette,
Pas d'oison, pas de bœuf, pas même de poëte,
Pas de mahométan, pas de théologien,
Pas d'échevin flamand, pas d'ours et pas de chien,
Plus laid, plus chevelu, plus repoussant de formes,
Plus caparaçonné d'absurdités énormes,
Plus hérissé, plus sale, et plus gonflé de vent,
Que cet âne bâté qu'on appelle un savant!
— Manquez-vous de plaisirs, de pouvoir, de conquêtes,
Et de femmes en fleur pour parfumer vos fêtes?

LE ROI.
Hai... ma sœur Marguerite un soir m'a dit très-bas
Que les femmes toujours ne me suffiraient pas,
Et quand je m'ennuirai...

TRIBOULET.
Médecine inouïe!
Conseiller les savants à quelqu'un qui s'ennuie!
Madame Marguerite est, vous en conviendrez,
Toujours pour les partis les plus désespérés.

LE ROI.
Eh bien! pas de savants, mais cinq ou six poëtes...

TRIBOULET.
Sire! j'aurais plus peur, étant ce que vous êtes,
D'un poëte, toujours de rime barbouillé,
Que Belzébuth n'a peur d'un goupillon mouillé.

LE ROI.
Cinq ou six...

TRIBOULET.
Cinq ou six! c'est toute une écurie!
C'est une académie, une ménagerie!

Montrant Marot.
N'avons-nous pas assez de Marot que voici,
Sans nous empoisonner de poëtes ainsi!

MAROT.
Grand merci!

A part.
Le bouffon eût mieux fait de se taire!

TRIBOULET.
Les femmes, sire! ah Dieu! c'est le ciel, c'est la terre!
C'est tout! Mais vous avez les femmes! vous avez
Les femmes! laissez-moi tranquille! vous rêvez,
De vouloir des savants!

LE ROI.
Moi, foi de gentilhomme!
Je m'en soucie autant qu'un poisson d'une pomme.

Eclats de rire dans un groupe au fond. — A Triboulet.
Tiens, voilà des muguets qui se raillent de toi

Triboulet va les écouter et revient.

TRIBOULET.
Non, c'est d'un autre fou.

LE ROI.
Bah! de qui donc?

TRIBOULET.
Du roi.

LE ROI.
Vrai! Que chantent-ils?

TRIBOULET.
Sire, ils vous disent avare,
Et qu'argent et faveurs s'en vont dans la Navarre,
Qu'on ne fait rien pour eux.

LE ROI.
Oui, je les vois d'ici
Tous les trois. — Montchenu, Brion, Montmorency

TRIBOULET.
Juste.

LE ROI.
Ces courtisans! engeance détestable!
J'ai fait l'un amiral, le second connétable,
Et l'autre, Montchenu, maître de mon hôtel.
Ils ne sont pas contents! as-tu vu rien de tel?

TRIBOULET.
Mais vous pouvez encor, c'est justice à leur rendre,
Les faire quelque chose.

LE ROI.
Et quoi?

TRIBOULET.
Faites-les pendre.

MONSIEUR DE PIENNE, riant, aux trois seigneurs qui sont
toujours au fond du théâtre.
Messieurs, entendez-vous ce que dit Triboulet?

MONSIEUR DE BRION.
Il jette sur le fou un regard de colère.
Oui, certe!

MONSIEUR DE MONTMORENCY
Il le paira!

MONSIEUR DE MONTCHENU.
Misérable valet!

TRIBOULET, au roi.
Mais, sire, vous devez avoir parfois dans l'âme

Un vide... — Autour de vous n'avoir pas une femme
Dont l'œil vous dise non, dont le cœur dise oui!

LE ROI.
Qu'en sais-tu?

TRIBOULET.
N'être aimé que d'un cœur ébloui,
Ce n'est pas être aimé.

LE ROI.
Sais-tu si pour moi-même
Il n'est pas dans ce monde une femme qui m'aime?

TRIBOULET.
Sans vous connaître?

LE ROI.
Eh! oui.

A part.
Sans compromettre ici
Ma petite beauté du cul-de-sac Bussy.

TRIBOULET.
Une bourgeoise donc?

LE ROI.
Pourquoi non?

TRIBOULET, vivement.
Prenez garde.
Une bourgeoise! ô ciel! votre amour se hasarde.
Les bourgeois sont parfois de farouches Romains.
Quand on touche à leur bien, la marque en reste aux mains.
Tenez, contentons-nous, fous et rois que nous sommes,
Des femmes et des sœurs de vos bons gentilshommes.

LE ROI.
Oui, je m'arrangerais de la femme à Cossé.

TRIBOULET.
Prenez-la.

LE ROI, riant.
C'est facile à dire et malaisé
A faire.

TRIBOULET.
Enlevons-la cette nuit.

LE ROI, montrant monsieur de Cossé.
Et le comte?

TRIBOULET.
Et la Bastille?

LE ROI.
Oh! non.

TRIBOULET.
Pour régler votre compte,
Faites-le duc.

LE ROI.
Il est jaloux comme un bourgeois.
Il refusera tout, et criera sur les toits.

TRIBOULET, rêveur.
Cet homme est fort gênant : qu'on le paye ou l'exile...

Depuis quelques instants, monsieur de Cossé s'est rapproché par
derrière du roi et du fou, et il écoute leur conversation. Triboulet se frappe le front avec joie.

Mais il est un moyen commode, très-facile,
Simple, auquel je devrais avoir déjà pensé.

Monsieur de Cossé se rapproche encore et écoute.

— Faites couper la tête à monsieur de Cossé.

Monsieur de Cossé recule tout effaré.

— ... On suppose un complot avec l'Espagne ou Rome...

MONSIEUR DE COSSÉ, éclatant.
Oh! le petit satan!

LE ROI, riant, et frappant sur l'épaule de monsieur de
Cossé.

A Triboulet.
Là, foi de gentilhomme,
Y penses-tu? couper la tête que voilà!
Regarde cette tête, ami! vois-tu cela?
S'il en sort une idée, elle est toute cornue.

TRIBOULET.
Comme le moule auquel elle était contenue.

MONSIEUR DE COSSÉ.

Couper ma tête!

TRIBOULET

Eh bien?

LE ROI, à *Triboulet*.

Tu le pousses à bout?

TRIBOULET.

Que diable! on n'est pas roi pour se gêner en tout,
Pour ne point se passer la moindre fantaisie.

MONSIEUR DE COSSÉ.

Me couper la tête! ah! j'en ai l'âme saisie!

TRIBOULET.

Mais c'est tout simple. — Où donc est la nécessité
De ne vous pas couper la tête?

MONSIEUR DE COSSÉ.

En vérité!

Je te châtirai, drôle!

TRIBOULET.

Oh! je ne vous crains guère!
Entouré de puissants auxquels je fais la guerre,
Je ne crains rien, monsieur, car je n'ai sur le cou
Autre chose à risquer que la tête d'un fou.
Je ne crains rien, sinon que ma bosse me rentre
Au corps, et comme à vous me tombe dans le ventre,
Ce qui m'enlaidirait.

MONSIEUR DE COSSÉ, *la main sur son épée*.

Maraud

LE ROI.

Comte, arrêtez. —

Viens, fou!

Il s'éloigne avec Triboulet en riant.

MONSIEUR DE GORDES.

Le roi se tient de rire à ses côtés!

MONSIEUR DE PARDAILLAN.

Comme à la moindre chose il rit, il s'abandonne!

MAROT.

C'est curieux, un roi qui s'amuse en personne!

*Une fois le fou et le roi éloignés les courtisans se rapprochent,
et suivent Triboulet d'un regard de haine.*

MONSIEUR DE BRION.

Vengeons-nous du bouffon!

TOUS.

Hun!

MAROT.

Il est cuirassé.

Par où le prendre? où donc le frapper?

MONSIEUR DE PIENNE.

Je le sai.

Nous avons contre lui chacun quelque rancune,
Nous pouvons nous venger.

Tous se rapprochent avec curiosité de monsieur de Pienne.

Trouvez-vous à la brune,
Ce soir, tous bien armés, au cul-de-sac Bussy, —
Près de l'hôtel Cossé. — Plus un mot de ceci!

MAROT.

Je devine.

MONSIEUR DE PIENNE.

C'est dit?

TOUS.

C'est dit.

MONSIEUR DE PIENNE.

Silence! il rentre.

Rentrent Triboulet, et le roi entouré de femmes.

TRIBOULET, *seul de son côté, à part*.

A qui jouer un tour maintenant? — au roi... — Diantre!

UN VALET, *entrant, bas à Triboulet*.

Monsieur de Saint-Vallier, un vieillard tout en noir,
Demande à voir le roi.

TRIBOULET, *se frottant les mains*.

Mortdieu! laissez-nous voir
Monsieur de Saint-Vallier.

Le valet sort.

C'est charmant! comment diable!
Mais cela va nous faire un esclandre effroyable!

Bruit, tumulte au fond du théâtre, à la grande porte.

UNE VOIX, *au dehors*.

Je veux parler au roi!

LE ROI, *s'interrompant de sa causerie*.

Non!... Qui donc est entré?

LA MÊME VOIX.

Parler au roi!

LE ROI, *vivement*.

Non, non!

*Un vieillard, vêtu de deuil, perce la foule et vient se placer de-
vant le roi, qu'il regarde fixement. Tous les courtisans s'écartent avec étonnement.*

SCÈNE V.

LES MÊMES, MONSIEUR DE SAINT-VALLIER, grand deuil,
barbe et cheveux blancs.

MONSIEUR DE SAINT-VALLIER, *au roi*.

Si! je vous parlerai!

LE ROI.

Monsieur de Saint-Vallier!

MONSIEUR DE SAINT-VALLIER, *immobile au seuil*.

C'est ainsi qu'on me nomme.

Le roi fait un pas vers lui avec colère. Triboulet l'arrête.

TRIBOULET.

Oh! sire! laissez-moi haranguer le bonhomme.

A monsieur de Saint-Vallier, avec une attitude théâtrale.

Monseigneur! — Vous aviez conspiré contre nous,
Nous vous avons fait grâce en roi clément et doux.
C'est au mieux. Quelle rage à présent vient vous prendre
D'avoir des petits-fils de monsieur votre gendre?
Votre gendre est affreux, mal bâti, mal tourné,
Marqué d'une verrue au beau milieu du né,
Borgne, disent les uns, velu, chétif et blême,
Ventru comme monsieur,

Il montre monsieur de Cossé, qui se cabre.

Bossu comme moi-même.
Qui verrait votre fille à son côté rirait.
Si le roi n'y mettait bon ordre, il vous ferait
Des petits-fils tortus, des petits-fils horribles,
Roux, brèche-dents, manqués, effroyables, risibles,
Ventrus comme monsieur,

Montrant encore monsieur de Cossé, qu'il salue et qui s'indigne.

Et bossus comme moi!
Votre gendre est trop laid! — Laissez faire le roi,
Et vous aurez un jour des petits-fils ingambes
Pour vous tirer la barbe et vous grimper aux jambes.

*Les courtisans applaudissent Triboulet avec des huées et des éclats
de rire.*

MONSIEUR DE SAINT-VALLIER, *sans regarder le bouffon*.

Une insulte de plus! — Vous, sire, écoutez-moi
Comme vous le devez, puisque vous êtes roi!
Vous m'avez fait un jour mener pieds nus en Grève,
Là, vous m'avez fait grâce, ainsi que dans un rêve,
Et je vous ai béni, ne sachant en effet
Ce qu'un roi cache au fond d'une grâce qu'il fait.
Or, vous aviez caché ma honte dans la mienne.
Oui, sire, sans respect pour une race ancienne,
Pour le sang de Poitiers, noble depuis mille ans,
Tandis que, revenant de la Grève à pas lents,
Je priais dans mon cœur le dieu de la victoire
Qu'il vous donnât mes jours de vie en jours de gloire,
Vous, François de Valois, le soir du même jour,
Sans crainte, sans pitié, sans pudeur, sans amour,
Dans votre lit, tombeau de la vertu des femmes,
Vous avez froidement, sous vos baisers infâmes,
Terni, flétri, souillé, déshonoré, brisé

Triboulet.

Diane de Poitiers, comtesse de Brezé?
Quoi! lorsque j'attendais l'arrêt qui me condamne,
Tu courais donc au Louvre, ô ma chaste Diane!
Et lui, ce roi, sacré chevalier par Bayard,
Jeune homme auquel il faut des plaisirs de vieillard,
Pour quelques jours de plus dont Dieu seul sait le compte.
Ton père sous ses pieds, te marchandait ta honte,
Et cet affreux tréteau, chose horrible à penser!
Qu'un matin le bourreau vînt en Grève dresser,
Avant la fin du jour devait être, ô misère!
Ou le lit de la fille, ou l'échafaud du père!
O Dieu! qui nous jugez, qu'avez-vous dit là-haut,
Quand vos regards ont vu sur ce même échafaud
Se vautrer, triste et louche, et sanglante et souillée,
La luxure royale en clémence habillée?
Sire! en faisant cela, vous avez mal agi.
Que du sang d'un vieillard le pavé fût rougi,
C'était bien. Ce vieillard, peut-être respectable,
Le méritait, étant de ceux du connétable.
Mais que pour le vieillard vous ayez pris l'enfant,
Que vous ayez broyé sous un pied triomphant
La pauvre femme en pleurs, à s'effrayer trop prompte,

C'est une chose impie, et dont vous rendrez compte!
Vous avez dépassé votre droit d'un grand pas.
Le père était à vous, mais la fille, non pas.
Ah! vous m'avez fait grâce!—Ah! vous nommez la chose
Une grâce! et je suis un ingrat, je suppose!
—Sire, au lieu d'abuser ma fille, bien plutôt
Que n'êtes-vous venu vous-même en mon cachot!
Je vous aurais crié : — Faites-moi mourir, grâce!
Oh! grâce pour ma fille et grâce pour ma race!
Oh! faites-moi mourir! la tombe et non l'affront!
Pas de tête plutôt qu'une souillure au front!
Oh! monseigneur le roi, puisqu'ainsi l'on vous nomme,
Croyez-vous qu'un chrétien, un comte, un gentilhomme,
Soit moins décapité, répondez, monseigneur,
Quand, au lieu de la tête, il lui manque l'honneur?
— J'aurais dit cela, sire, et le soir, dans l'église,
Dans mon cercueil sanglant baisant ma barbe grise,
Ma Diane au cœur pur, ma fille au front sacré,
Honorée, eût prié pour son père honoré!
—Sire, je ne viens pas redemander ma fille,
Quand on n'a plus d'honneur, on n'a plus de famille.
Qu'elle vous aime ou non d'un amour insensé.

Paris.—Imprimerie Bonaventure et Ducessois.

MONSIEUR DE SAINT-VALLIER.
Qui que tu sois, valet à langue de vipère,
Qui fais ainsi risée de la douleur d'un père,
Sois maudit!

Je n'ai rien à reprendre où la honte a passé.
Gardez-la.—Seulement je me suis mis en tête
De venir vous troubler ainsi dans chaque fête,
Et jusqu'à ce qu'un père, un frère ou quelque époux,
—La chose arrivera,—nous ait vengés de vous,
Pâle, à tous vos banquets, je reviendrai vous dire :
—Vous avez mal agi, vous avez mal fait, sire!—
Et vous m'écouterez, et votre front terni
Ne se relèvera que quand j'aurai fini.
Vous voudrez, pour forcer ma vengeance à se taire,
Me rendre au bourreau. Non. Vous ne l'oserez faire,
De peur que ce ne soit mon spectre qui demain

Montrant sa tête.

Revienne vous parler,—cette tête à la main!

LE ROI, *comme suffoqué de colère.*
On s'oublie à ce point d'audace et de délire!

A monsieur de Pienne.

Duc! arrêtez monsieur!

Monsieur de Pienne fait un signe, et deux hallebardiers se placent
de chaque côté de monsieur de Saint-Vallier.

TRIBOULET, *riant.*
Le bonhomme est fou, sire!
MONSIEUR DE SAINT-VALLIER, *levant le bras.*
Soyez maudits tous deux!—

Au roi.

Sire, ce n'est pas bien.
Sur le lion mourant vous lâchez votre chien!

A Triboulet.

Qui que tu sois, valet à langue de vipère,
Qui fais risée ainsi de la douleur d'un père,
Sois maudit!—

Au roi.

J'avais droit d'être par vous traité
Comme une Majesté par une Majesté.
Vous êtes roi, moi père, et l'âge vaut le trône.
Nous avons tous les deux au front une couronne
Où nul ne doit lever de regards insolents,
Vous, de fleurs de lis d'or, et moi, de cheveux blancs.
Roi, quand un sacrilège ose insulter la vôtre,
C'est vous qui la vengez;—c'est Dieu qui venge l'autre.

3　　　　　　　　　　　　　　　　　　　　3

II

SALTABADIL

ACTE DEUXIÈME

Le recoin le plus désert du cul-de-sac Bussy. A droite, une petite maison de discrète apparence, avec une petite cour entourée d'un mur qui occupe une partie du théâtre. Dans cette
cour, quelques arbres, un banc de pierre. Dans le mur, une
porte qui donne sur la rue; sur le mur, une terrasse étroite
couverte d'un toit supporté par des arcades dans le goût de la
renaissance. — La porte du premier étage de la maison donne
sur cette terrasse, qui communique avec la cour par un degré.
— A gauche, les murs très-hauts des jardins de l'hôtel de
Cossé. — Au fond, des maisons éloignées; le clocher de Saint-
Séverin.

SCÈNE PREMIÈRE.

TRIBOULET, SALTABADIL. — Pendant une partie de la scène,
MONSIEUR DE PIENNE et MONSIEUR DE GORDES, au
fond du théâtre.

Triboulet, enveloppé d'un manteau et sans aucun de ses attributs
de bouffon, paraît dans la rue et se dirige vers la porte pratiquée dans le mur. Un homme vêtu de noir et également couvert d'une cape, dont le bas est relevé par une épée, le suit.

TRIBOULET, *rêveur.*
Ce vieillard m'a maudit !
 L'HOMME, *le saluant.*
 Monsieur...
 TRIBOULET, *se détournant avec humeur.*
 Ah !
 Cherchant dans sa poche.
 Je n'ai rien.
 L'HOMME.
Je ne demande rien, monsieur! fi donc!
TRIBOULET, *lui faisant signe de le laisser tranquille et de
s'éloigner.*
 C'est bien!
Entrent monsieur de Pienne et monsieur de Gordes, qui s'arrê-
tent en observation au fond du théâtre.
 L'HOMME, *le saluant.*
Monsieur me juge mal. Je suis homme d'épée.
 TRIBOULET, *reculant.*
Est-ce un voleur ?
 L'HOMME, *s'approchant d'un air doucereux.*
 Monsieur a la mine occupée.
Je vous vois tous les soirs de ce côté rôder.
Vous avez l'air d'avoir une femme à garder !
 TRIBOULET, *à part.*
 A part.
Diable !
 Haut.
 Je ne dis pas mes affaires aux autres.
 Il veut passer outre; l'homme le retient.
 L'HOMME.
Mais c'est pour votre bien qu'on se mêle des vôtres.
Si vous me connaissiez, vous me traiteriez mieux.
 S'approchant.
Peut-être à votre femme un fat fait les doux yeux,
Et vous êtes jaloux ?...
 TRIBOULET, *impatient.*
 Que voulez-vous, en somme ?
 L'HOMME, *avec un sourire aimable, bas et vite.*
Pour quelque paraguante on vous tûra votre homme.

 TRIBOULET, *respirant.*
Ah ! c'est fort bien !
 L'HOMME.
 Monsieur, vous voyez que je suis
Un honnête homme.
 TRIBOULET.
 Peste !
 L'HOMME!
 Et que si je vous suis
C'est pour de bons desseins.
 TRIBOULET.
 Oui, certe, un homme utile !
 L'HOMME, *modestement.*
Le gardien de l'honneur des dames de la ville.
 TRIBOULET.
Et combien prenez-vous pour tuer un galant ?
 L'HOMME.
C'est selon le galant qu'on tue, — et le talent
Qu'on a.
 TRIBOULET.
 Pour dépêcher un grand seigneur ?
 L'HOMME.
 Ah! diantre !
On court plus d'un péril de coups d'épée au ventre.
Ces gens-là sont armés. On y risque sa chair.
Le grand seigneur est cher.
 TRIBOULET.
 Le grand seigneur est cher !
Est-ce que les bourgeois, par hasard, se permettent
De se faire tuer entre eux ?
 L'HOMME, *souriant.*
 Mais ils s'y mettent !
— C'est un luxe pourtant, — luxe, vous comprenez,
Qui reste en général parmi les gens bien nés.
Il est quelques faquins qui, pour de grosses sommes,
Tiennent à se donner des airs de gentilshommes,
Et me font travailler. — Mais ils me font pitié.
On me donne moitié d'avance, et la moitié
Après.
 TRIBOULET, *hochant la tête.*
 Oui, vous risquez le gibet, le supplice...
 L'HOMME, *souriant.*
Non, non, nous redevons un droit à la police.
 TRIBOULET.
Tant pour un homme ?
 L'HOMME, *avec un signe affirmatif.*
 A moins... que vous dirai-je, moi ?...
Qu'on n'ait tué, mon Dieu... qu'on n'ait tué... le roi !
 TRIBOULET.
Et comment t'y prends-tu ?
 L'HOMME.
 Monsieur, je tue en ville
Ou chez moi, comme on veut.
 TRIBOULET.
 Ta manière est civile.
 L'HOMME.
J'ai pour aller en ville un estoc bien pointu.
J'attends l'homme le soir...
 TRIBOULET.
 Chez toi, comment fais-tu ?
 L'HOMME.
J'ai ma sœur Maguelonne, une fort belle fille
Qui danse dans la rue et qu'on trouve gentille.
Elle attire chez nous le galant une nuit...
 TRIBOULET.
Je comprends.
 L'HOMME.
 Vous voyez, cela se fait sans bruit,
C'est décent. — Donnez-moi, monsieur, votre pratique.
Vous en serez content. Je ne tiens pas boutique,
Je ne fais pas d'éclat. Surtout je ne suis point
De ces gens à poignard, serrés dans leur pourpoint,
Qui vont se mettre dix pour la moindre équipée,
Bandits dont le courage est court comme l'épée.
 Il tire de dessous sa cape une épée démesurément longue.
Voici mon instrument. —

Triboulet recule d'effroi.
Pour vous servir.
TRIBOULET, *considérant l'épée avec surprise.*
Vraiment!
— Merci, je n'ai besoin de rien pour le moment.
L'HOMME, *remettant l'épée au fourreau.*
Tant pis. — Quand vous voudrez me voir, je me promène
Tous les jours à midi devant l'hôtel du Maine.
Mon nom, Saltabadil.
TRIBOULET.
Bohême?
L'HOMME, *saluant.*
Et Bourguignon.
MONSIEUR DE GORDES, *écrivant sur ses tablettes au fond du théâtre.*

Bas, à monsieur de Pienne.

Un homme précieux, et dont je prends le nom.
L'HOMME, *à Triboulet.*
Monsieur, ne pensez pas mal de moi, je vous prie.
TRIBOULET.
Non. Que diable! il faut bien avoir une industrie!
L'HOMME.
A moins de mendier et d'être un fainéant,
Un gueux. — J'ai quatre enfants...
TRIBOULET.
Qu'il serait malséant
De ne pas élever... —
Le congédiant.
Le ciel vous tienne en joie!
MONSIEUR DE PIENNE, *à monsieur de Gordes, au fond, montrant Triboulet.*
Il fait grand jour encor, je crains qu'il ne vous voie.

Tous deux sortent.

TRIBOULET, *à l'homme.*
Bonsoir!
L'HOMME, *le saluant.*
Adiusias. Tout votre serviteur.

Il sort.

TRIBOULET, *le regardant s'éloigner.*
Nous sommes tous les deux à la même hauteur.
Une langue acérée, une lame pointue.
Je suis l'homme qui rit, il est l'homme qui tue.

SCÈNE II.

L'homme disparu, Triboulet ouvre doucement la petite porte pratiquée dans le mur de la cour; il regarde au dehors avec précaution, puis il tire la clef de la serrure et referme soigneusement la porte en dedans; il fait quelques pas dans la cour d'un air soucieux et préoccupé.

TRIBOULET, seul.

Ce vieillard m'a maudit... — Pendant qu'il me parlait,
Pendant qu'il me criait : — Oh! sois maudit, valet!—
Je raillais sa douleur. — Oh! oui, j'étais infâme,
Je riais,—mais j'avais l'épouvante dans l'âme. —

Il va s'asseoir sur le petit banc près de la table de pierre.

Maudit!
Profondément rêveur et la main sur son front.
Ah! la nature et les hommes m'ont fait
Bien méchant, bien cruel et bien lâche, en effet.
O rage! être bouffon! ô rage! être difforme!
Toujours cette pensée! et, qu'on veille ou qu'on dorme,
Quand du monde en rêvant vous avez fait le tour,
Retomber sur ceci : Je suis bouffon de cour!
Ne vouloir, ne pouvoir, ne devoir et ne faire
Que rire! — Quel excès d'opprobre et de misère!
Quoi! ce qu'ont les soldats ramassés en troupeau
Autour de ce haillon qu'ils appellent drapeau,
Ce qui reste, après tout, au mendiant d'Espagne,
A l'esclave en Tunis, au forçat dans son bagne,

A tout homme ici-bas qui respire et se meut,
Le droit de ne pas rire et de pleurer s'il veut,
Je ne l'ai pas! — O Dieu! triste et l'humeur mauvaise,
Pris dans un corps mal fait où je suis mal à l'aise,
Tout rempli de dégoût de ma difformité,
Jaloux de toute force et de toute beauté,
Entouré de splendeurs qui me rendent plus sombre,
Parfois, farouche et seul, si je cherche un peu l'ombre,
Si je veux recueillir et calmer un moment
Mon âme qui sanglote et pleure amèrement,
Mon maître tout à coup survient, mon joyeux maître,
Qui, tout-puissant, aimé des femmes, content d'être,
A force de bonheur oubliant le tombeau,
Grand, jeune, et bien portant, et roi de France, et beau,
Me pousse avec le pied dans l'ombre où je soupire,
Et me dit en bâillant : Bouffon, fais-moi donc rire!
— O pauvre fou de cour! — C'est un homme après tout!
— Eh bien! la passion qui dans son âme bout,
La rancune, l'orgueil, la colère hautaine,
L'envie et la fureur dont sa poitrine est pleine,
Le calcul éternel de quelque affreux dessein,
Tous ces noirs sentiments qui lui rongent le sein,
Sur un signe du maître, en lui-même il les broie,
Et, pour quiconque en veut, il en fait de la joie!
— Abjection! s'il marche, ou se lève, ou s'assied,
Toujours il sent le fil qui lui tire le pied.
— Mépris de toute part! — Tout homme l'humilie.
Ou bien c'est une reine, une femme jolie,
Demi nue et charmante, et dont il voudrait bien,
Qui le laisse jouer sur son lit, comme un chien!
Aussi, mes beaux seigneurs, mes railleurs gentilshommes,
Hun! comme il vous hait bien! quels ennemis nous sommes!
Comme il vous fait parfois payer cher vos dédains!
Comme il sait leur trouver des contre-coups soudains!
Il est le noir démon qui conseille le maître.
Vos fortunes, messieurs, n'ont plus le temps de naître,
Et, sitôt qu'il a pu dans ses ongles saisir
Quelque belle existence, il l'effeuille à plaisir!
— Vous l'avez fait méchant! — O douleur! est-ce vivre?
Mêler du fiel au vin dont un autre s'enivre,
Si quelque bon instinct germe en soi, l'effacer,
Etourdir de grelots l'esprit qui veut penser,
Traverser chaque jour, comme un mauvais génie,
Des fêtes qui pour vous ne sont qu'une ironie,
Démolir le bonheur des heureux, par ennui,
N'avoir d'ambition qu'aux ruines d'autrui,
Et contre tous, partout où le hasard vous pose,
Porter toujours en soi, mêler à toute chose,
Et garder, et cacher sous un rire moqueur
Un fond de vieille haine extravasée au cœur!
Oh! je suis malheureux! —

Se levant du banc de pierre où il est assis.
Mais ici que m'importe?
Suis-je pas un autre homme en passant cette porte?
Oublions un instant le monde dont je sors.
Ici je ne dois rien apporter du dehors.

Retombant dans sa rêverie.
— Ce vieillard m'a maudit! — Pourquoi cette pensée
Revient-elle toujours lorsque je l'ai chassée?
Pourvu qu'il n'aille rien m'arriver!

Haussant les épaules.
Suis-je fou?

Il va à la porte de la maison et frappe. Elle s'ouvre. Une jeune fille, vêtue de blanc, en sort, et se jette joyeusement dans ses bras.

SCÈNE III.

TRIBOULET, BLANCHE, ensuite DAME BÉRARDE.

TRIBOULET.
Ma fille!

Il la serre sur sa poitrine avec transport.
Oh! mets tes bras à l'entour de mon cou!

— Sur mon cœur ! — Près de toi, tout rit, rien ne me pèse,
Enfant, je suis heureux et je respire à l'aise !

Il la regarde d'un œil enivré.

— Plus belle tous les jours ! — Tu ne manques de rien,
Dis ? — Es-tu bien ici ? — Blanche, embrasse-moi bien !

BLANCHE, *dans ses bras.*

Comme vous êtes bon, mon père !

TRIBOULET, *s'asseyant.*

                              Non, je t'aime,
Voilà tout. N'es-tu pas ma vie et mon sang même ?
Si je ne t'avais point, qu'est-ce que je ferais,
Mon Dieu !

BLANCHE, *lui posant la main sur le front.*

              Vous soupirez : quelques chagrins secrets,
N'est-ce pas ? Dites-les à votre pauvre fille,
Hélas ! je ne sais pas, moi, quelle est ma famille.

TRIBOULET.

Enfant, tu n'en as pas.

BLANCHE.

              J'ignore votre nom

TRIBOULET.

Que t'importe mon nom ?

BLANCHE.

              Nos voisins de Chinon,
De la petite ville où je fus élevée,
Me croyaient orpheline avant votre arrivée.

TRIBOULET.

J'aurais dû t'y laisser. C'eût été plus prudent.
Mais je ne pouvais plus vivre ainsi cependant.
J'avais besoin de toi, besoin d'un cœur qui m'aime.

Il la serre de nouveau dans ses bras.

BLANCHE.

Si vous ne voulez pas me parler de vous-même...

TRIBOULET.

Ne sors jamais !

BLANCHE.

              Je suis ici depuis deux mois,
Je suis allée en tout à l'église huit fois.

TRIBOULET.

Bien.

BLANCHE.

              Mon bon père, au moins parlez-moi de ma mère !

TRIBOULET.

Oh ! ne réveille pas une pensée amère ;
Ne me rappelle pas qu'autrefois j'ai trouvé,
— Et, si tu n'étais là, je dirais : J'ai rêvé, —
Une femme contraire à la plupart des femmes,
Qui dans ce monde, où rien n'appareille les âmes,
Me voyant seul, infirme, et pauvre, et détesté,
M'aima pour ma misère et ma difformité.
Elle est morte, emportant dans la tombe avec elle
L'angélique secret de son amour fidèle,
De son amour, passé sur moi comme un éclair,
Rayon du paradis tombé dans mon enfer !
Que la terre, toujours à nous recevoir prête,
Soit légère à ce sein qui reposa ma tête !
— Toi seule m'es restée ! —

Levant les yeux au ciel.

              Eh bien ! mon Dieu, merci !

Il pleure et cache son front dans ses mains.

BLANCHE.

Que vous devez souffrir ! vous voir pleurer ainsi,
Non, je ne le veux pas, non, cela me déchire !

TRIBOULET.

Et que dirais-tu donc si tu me voyais rire ?

BLANCHE.

Mon père, qu'avez-vous ? dites-moi votre nom.
Oh ! versez dans mon sein toutes vos peines !

TRIBOULET.

                              Non.

À quoi bon me nommer ? Je suis ton père. Écoute :
Hors d'ici, vois-tu bien, peut-être on me redoute,
Qui sait ? l'un me méprise et l'autre me maudit.
Mon nom, qu'en ferais-tu, quand je te l'aurais dit ?

Je veux ici du moins, je veux, en ta présence,
Dans ce seul coin du monde où tout soit innocence,
N'être pour toi qu'un père, un père vénéré,
Quelque chose de saint, d'auguste et de sacré !

BLANCHE.

Mon père !

TRIBOULET, *la serrant avec emportement dans ses bras.*

              Est-il ailleurs un cœur qui me réponde ?
Oh ! je t'aime pour tout ce que je hais au monde !
— Assieds-toi près de moi. Viens, parlons de cela.
Dis, aimes-tu ton père ? Et, puisque nous voilà
Ensemble, et que ta main entre mes mains repose,
Qu'est-ce donc qui nous force à parler d'autre chose ?
Ma fille, ô seul bonheur que le ciel m'ait permis,
D'autres ont des parents, des frères, des amis,
Une femme, un mari, des vassaux, un cortège
D'aïeux et d'alliés, plusieurs enfants, que sais-je ?
Moi, je n'ai que toi seule ! Un autre est riche, — eh bien !
Toi seule es mon trésor et toi seule es mon bien.
Un autre croit en Dieu. Je ne crois qu'en ton âme !
D'autres ont la jeunesse et l'amour d'une femme,
Ils ont l'orgueil, l'éclat, la grâce et la santé,
Ils sont beaux ; moi, vois-tu, je n'ai que ta beauté !
Chère enfant ! — Ma cité, mon pays, ma famille,
Mon épouse, ma mère, et ma sœur, et ma fille,
Mon bonheur, ma richesse, et mon culte, et ma loi,
Mon univers, c'est toi, toujours toi, rien que toi !
De tout autre côté ma pauvre âme est froissée.
— Oh ! si je te perdais !... — Non, c'est une pensée
Que je ne pourrais pas supporter un moment !
— Souris-moi donc un peu. — Ton sourire est charmant.
Oui, c'est toute ta mère ! — elle était aussi belle.
Tu te passes souvent la main au front comme elle,
Comme pour l'essuyer ; car il faut au cœur pur
Un front tout innocence et des yeux tout azur.
Tu rayonnes pour moi d'une angélique flamme,
A travers ton beau corps mon âme voit ton âme :
Même les yeux fermés, c'est égal, je te vois.
Le jour me vient de toi. Je me voudrais parfois
Aveugle et l'œil voilé d'obscurité profonde,
Afin de n'avoir pas d'autre soleil au monde !

BLANCHE.

Oh ! que je voudrais bien vous rendre heureux !

TRIBOULET.

                              Qui ? moi ?

Je suis heureux ici ! quand je vous aperçoi,
Ma fille, c'est assez pour que mon cœur se fonde.

Il lui passe la main dans les cheveux en souriant.

Oh ! les beaux cheveux noirs ! enfant, vous étiez blonde,
Qui le croirait ?

BLANCHE, *prenant un air caressant.*

              Un jour, avant le couvre-feu,
Je voudrais bien sortir et voir Paris un peu.

TRIBOULET, *impétueusement.*

Jamais, jamais ! — Ma fille, avec dame Bérarde
Tu n'es jamais sortie, au moins ?

BLANCHE, *tremblante.*

                              Non.

TRIBOULET.

                              Prends-y-garde !

BLANCHE.

Je ne vais qu'à l'église.

TRIBOULET, *à part.*

              O ciel ! on la verrait,
On la suivrait, peut-être on me l'enlèverait !
La fille d'un bouffon, cela se déshonore,
Et l'on ne fait qu'en rire ! oh !

Haut.

                              Je t'en prie encore,
Reste ici renfermée ! Enfant, si tu savais
Comme l'air de Paris aux femmes est mauvais !
Comme les débauchés vont courant par la ville !
Oh ! les seigneurs surtout !

Levant les yeux au ciel.

                              O Dieu ! dans cet asile,
Fais croître sous tes yeux, préserve des douleurs

Et du vent orageux qui flétrit d'autres fleurs,
Garde de toute haleine impure, même en rêve,
Pour qu'un malheureux père, à ses heures de trêve,
En puisse respirer le parfum abrité,
Cette rose de grâce et de virginité!

Il cache sa tête dans ses mains et pleure.

BLANCHE.

Je ne parlerai plus de sortir; mais, par grâce,
Ne pleurez pas ainsi!

TRIBOULET.

Non, cela me délasse.
J'ai tant ri l'autre nuit!

Se levant.

Mais c'est trop m'oublier.
Blanche, il est temps d'aller reprendre mon collier.
Adieu.

Le jour baisse.

BLANCHE, *l'embrassant.*

Reviendrez-vous bientôt, dites?

TRIBOULET.

Peut-être.
Vois-tu, ma pauvre enfant, je ne suis pas mon maître.

Appelant.

Dame Bérarde!

Une vieille duègne paraît à la porte de la maison.

DAME BÉRARDE.

Quoi, monsieur?

TRIBOULET.

Lorsque je vien,
Personne ne me voit entrer?

DAME BÉRARDE.

Je le crois bien,
C'est si désert!

*Il est presque nuit. De l'autre côté du mur, dans la rue, paraît le
roi, déguisé sous des vêtements simples et de couleur sombre;
il examine la hauteur du mur et la porte, qui est fermée, avec
des signes d'impatience et de dépit.*

TRIBOULET, *tenant Blanche embrassée.*

Adieu, ma fille bien aimée?

A dame Bérarde.

La porte sur le quai, vous la tenez fermée?

Dame Bérarde fait un signe affirmatif.

Je sais une maison, derrière Saint-Germain,
Plus retirée encor. Je la verrai demain.

BLANCHE.

Mon père, celle-ci me plaît pour la terrasse
D'où l'on voit les jardins.

TRIBOULET.

N'y monte pas, de grâce!

Écoutant.

Marche-t-on pas dehors?

*Il va à la porte de la cour, l'ouvre et regarde avec inquiétude
dans la rue. Le roi se cache dans un enfoncement près de la
porte, que Triboulet laisse entr'ouverte.*

BLANCHE, *montrant la terrasse.*

Quoi! ne puis-je le soir
Aller respirer là?

TRIBOULET, *revenant.*

Prends garde, on peut t'y voir.

*Pendant qu'il a le dos tourné, le roi se glisse dans la cour par la
porte entre-bâillée et se cache derrière un gros arbre.*

A dame Bérarde.

Vous, ne mettez jamais de lampe à la fenêtre.

DAME BÉRARDE, *joignant les mains.*

Et comment voulez-vous qu'un homme ici pénètre?

*Elle se retourne et aperçoit le roi derrière l'arbre. Elle s'inter-
rompt, ébahie. Au moment où elle ouvre la bouche pour crier,
le roi lui jette dans la gorgerette une bourse, qu'elle prend,
qu'elle pèse dans sa main, et qui la fait taire.*

BLANCHE, *à Triboulet qui est allé visiter la terrasse avec
une lanterne.*

Quelles précautions! mon père, dites-moi,

Mais que craignez-vous donc?

TRIBOULET.

Rien pour moi, tout pour toi!

Il la serre encore une fois dans ses bras.

Blanche, ma fille, adieu!

*Un rayon de la lanterne que tient dame Bérarde éclaire Triboulet
et Blanche.*

LE ROI, *à part, derrière l'arbre.*

Triboulet!

Il rit.

Comment, diable!
La fille à Triboulet! l'histoire est impayable!

TRIBOULET.

Au moment de sortir, il revient sur ses pas.

J'y pense, quand tu vas à l'église prier,
Personne ne vous suit?

Blanche baisse les yeux avec embarras.

DAME BÉRARDE.

Jamais!

TRIBOULET.

Il faut crier
Si l'on vous suivait.

DAME BÉRARDE.

Ah! j'appellerais main-forte!

TRIBOULET.

Et puis n'ouvrez jamais si l'on frappe à la porte.

DAME BÉRARDE, *comme enchérissant sur les précautions
de Triboulet.*

Quand ce serait le roi!

TRIBOULET.

Surtout si c'est le roi!

*Il embrasse encore une fois sa fille, et sort en refermant la porte
avec soin.*

SCÈNE IV.

BLANCHE, DAME BÉRARDE, LE ROI.

*Pendant la première partie de la scène, le roi reste caché derrière
l'arbre.*

BLANCHE, *pensive, écoutant les pas de son père qui
s'éloigne.*

J'ai du remords pourtant!

DAME BÉRARDE.

Du remords! et pourquoi?

BLANCHE.

Comme à la moindre chose il s'effraie et s'alarme!
En partant, dans ses yeux j'ai vu luire une larme.
Pauvre père! si bon! j'aurais dû l'avertir
Que le dimanche, à l'heure où nous pouvons sortir,
Un jeune homme nous suit. Tu sais, ce beau jeune homme?

DAME BÉRARDE.

Pourquoi donc lui conter cela, madame? En somme,
Votre père est un peu sauvage et singulier.
Vous laissez donc bien ce jeune cavalier?

BLANCHE.

Moi, le haïr! oh! non. — Hélas! bien au contraire,
Depuis que je l'ai vu, rien ne peut m'en distraire.
Du jour où son regard à mon regard parla,
Le reste n'est plus rien, je le vois toujours là.
Je suis à lui! vois-tu, je m'en fais une idée... —
Il me semble plus grand que tous d'une coudée!
Comme il est brave et doux! comme il est noble et fier,
Bérarde! et qu'à cheval il doit avoir bel air!

DAME BÉRARDE.

C'est vrai qu'il est charmant!

*Elle passe près du roi, qui lui donne une poignée de pièces d'or,
qu'elle empoche.*

BLANCHE.

Un tel homme doit être...

DAME BÉRARDE, *tendant la main au roi, qui lui donne
toujours de l'argent.*

Accompli.

BLANCHE.

Dans ses yeux on voit son cœur paraître.
Un grand cœur!

DAME BÉRARDE.

Certe! un cœur immense!

A chaque mot que dit dame Bérarde, elle tend la main au roi, qui la lui remplit de pièces d'or.

BLANCHE.

Valeureux.

DAME BÉRARDE, *continuant son manége.*

Formidable!

BLANCHE.

Et pourtant... bon.

DAME BÉRARDE, *tendant la main.*

Tendre!

BLANCHE.

Généreux.

DAME BÉRARDE, *tendant la main.*

Magnifique.

BLANCHE, *avec un profond soupir.*

Il me plaît!

DAME BÉRARDE, *tendant toujours la main à chaque mot qu'elle dit.*

Sa taille est sans pareille!
Ses yeux!—son front!—son nez!...—

LE ROI, *à part.*

O Dieu! voilà la vieille
Qui m'admire en détail! je suis dévalisé!

BLANCHE.

Je t'aime d'en parler aussi bien.

DAME BÉRARDE.

Je le sai.

LE ROI, *à part.*

De l'huile sur le feu!

DAME BÉRARDE.

Bon, tendre, un cœur immense!
Valeureux, généreux...

LE ROI, *vidant ses poches.*

Diable! elle recommence!

DAME BÉRARDE, *continuant.*

C'est un très-grand seigneur, il a l'air élégant,
Et quelque chose en or de brodé sur son gant.

Elle tend la main. Le roi lui fait signe qu'il n'a plus rien.

BLANCHE.

Non, je ne voudrais pas qu'il fût seigneur ni prince,
Mais un pauvre écolier qui vient de sa province!
Cela doit mieux aimer.

DAME BÉRARDE.

C'est possible, après tout,
Si vous le préférez ainsi.

A part.

Drôle de goût!
Cerveau de jeune fille, où tout se contrarie!

Essayant encore de tendre la main au roi.

Ce beau jeune homme-là vous aime à la furie.

Le roi ne donne pas.

A part.

Je crois notre homme à sec.—Plus un sou, plus un mot.

BLANCHE, *toujours sans voir le roi.*

Le dimanche jamais ne revient assez tôt.
Quand je ne le vois pas, ma tristesse est bien grande.
Oh! j'ai cru l'autre jour, au moment de l'offrande,
Qu'il allait me parler, et le cœur m'a battu!
J'y songe nuit et jour! De son côté, vois-tu,
L'amour qu'il a pour moi l'absorbe. Je suis sûre
Que toujours dans son âme il porte ma figure.
C'est un homme ainsi fait, oh! cela se voit bien!
D'autres femmes que moi ne le touchent en rien;
Il n'est pour lui ni jeux, ni passe-temps, ni fête.
Il ne pense qu'à moi.

DAME BÉRARDE, *faisant un dernier effort et tendant la main au roi.*

J'en jurerais ma tête!

LE ROI, *ôtant son anneau qu'il lui donne.*

Ma bague pour la tête!

BLANCHE.

Ah! je voudrais souvent,
En y songeant le jour, la nuit en y rêvant,
L'avoir là... — devant moi...

Le roi sort de sa cachette et va se mettre à genoux près d'elle. Elle a le visage tourné du côté opposé.

pour lui dire à lui-même :
Sois heureux! sois content! oh! oui, je t'ai...

Elle se retourne, voit le roi à ses genoux, et s'arrête, pétrifiée.

LE ROI, *lui tendant les bras.*

Je t'aime!
Achève! achève! — Oh! dis : je t'aime! Ne crains rien.
Dans une telle bouche un tel mot va si bien!

BLANCHE, *effrayée, cherche des yeux dame Bérarde qui a disparu.*

Bérarde! — Plus personne, ô Dieu! qui me réponde!
Personne!

LE ROI, *toujours à genoux.*

Deux amants heureux, c'est tout un monde!

BLANCHE, *tremblante.*

Monsieur, d'où venez-vous?

LE ROI.

De l'enfer ou du ciel,
Qu'importe! que je sois Satan ou Gabriel,
Je t'aime!

BLANCHE.

O ciel! ô ciel! ayez pitié... — J'espère
Qu'on ne vous a point vu! sortez! — Dieu! si mon père...

LE ROI.

Sortir, quand palpitante en mes bras je te tiens,
Lorsque je t'appartiens! lorsque tu m'appartiens!
— Tu m'aimes! tu l'as dit.

BLANCHE, *confuse.*

Il m'écoutait!

LE ROI.

Sans doute.
Quel concert plus divin veux-tu donc que j'écoute?

BLANCHE, *suppliante.*

Ah! vous m'avez parlé. — Maintenant, par pitié,
Sors!

LE ROI.

Sortir, quand mon sort à ton sort est lié,
Quand notre double étoile au même horizon brille,
Quand je viens éveiller ton cœur de jeune fille,
Quand le ciel m'a choisi pour ouvrir à l'amour
Ton âme vierge encore et ta paupière au jour!
Viens, regarde! oh! l'amour, c'est le soleil de l'âme!
Te sens-tu réchauffée à cette douce flamme?
Le sceptre que la mort vous donne et vous reprend,
La gloire qu'on ramasse à la guerre en courant,
Se faire un nom fameux, avoir de grands domaines,
Etre empereur ou roi, ce sont choses humaines;
Il n'est sur cette terre, où tout passe à son tour,
Qu'une chose qui soit divine, et c'est l'amour!
Blanche, c'est le bonheur que ton amant t'apporte,
Le bonheur, qui, timide, attendait à ta porte!
La vie est une fleur, l'amour en est le miel.
C'est la colombe unie à l'aigle dans le ciel,
C'est la grâce tremblante à la force appuyée,
C'est ta main dans ma main doucement oubliée...
—Aimons-nous! aimons-nous!

Il cherche à l'embrasser. Elle se débat.

BLANCHE.

Non! Laissez!

Il la serre dans ses bras, et lui prend un baiser.

DAME BÉRARDE, *au fond du théâtre, sur la terrasse, à part.*

Il va bien!

LE ROI, *à part.*

Elle est prise!

Haut.

Dis-moi que tu m'aimes!

DAME BÉRARDE, *au fond, à part.*
Vaurien!

LE ROI.

Blanche! redis-le-moi!

BLANCHE, *baissant les yeux.*
Vous m'avez entendue.

Vous le savez.

LE ROI *l'embrasse de nouveau avec transport.*
Je suis heureux!

BLANCHE.
Je suis perdue!

LE ROI.

Non, heureuse avec moi!

BLANCHE, *s'arrachant de ses bras.*
Vous m'êtes étranger.

Dites-moi votre nom.

DAME BÉRARDE, *au fond, à part.*
Il est temps d'y songer!

BLANCHE.

Vous n'êtes pas au moins seigneur ni gentilhomme?
Mon père les craint tant!

LE ROI.
Mon Dieu, non, je me nomme...

A part.

— Voyons?...

Il cherche.
Gaucher Mahiet. — Je suis un écolier...

Très-pauvre!

DAME BÉRARDE, *occupée en ce moment même à compter l'argent qu'il lui a donné.*
Est-il menteur!

Entrent dans la rue monsieur de Pienne et monsieur de Pardaillan, enveloppés de manteaux, une lanterne sourde à la main.

MONSIEUR DE PIENNE, *bas à monsieur de Pardaillan.*
C'est ici, chevalier!

DAME BÉRARDE, *bas, et descendant précipitamment la terrasse.*
J'entends quelqu'un dehors.

BLANCHE, *effrayée.*
C'est mon père peut-être!

DAME BÉRARDE, *au roi.*
Partez, monsieur!

LE ROI.
Que n'ai-je entre mes mains le traître
Qui me dérange ainsi!

BLANCHE, *à dame Bérarde.*
Fais-le vite passer
Par la porte du quai.

LE ROI, *à Blanche.*
Quoi! déjà te laisser!
M'aimeras-tu demain?

BLANCHE.
Et vous?

LE ROI.
Ma vie entière!

BLANCHE.

Ah! vous me tromperez, car je trompe mon père.

LE ROI.

Jamais! — Un seul baiser, Blanche, sur tes beaux yeux.

DAME BÉRARDE, *à part.*
Mais c'est un embrasseur tout à fait furieux!

BLANCHE, *faisant quelque résistance.*
Non, non!

Le roi l'embrasse, et rentre avec dame Bérarde dans la maison.

Blanche reste quelque temps les yeux fixés sur la porte par où il est sorti; puis elle rentre elle-même. Pendant ce temps-là, la rue se peuple de gentilshommes armés, couverts de manteaux et masqués. Monsieur de Gordes, monsieur de Cossé, messieurs de Montchenu, de Brion et de Montmorency, Clément Marot, rejoignent successivement monsieur de Pienne et monsieur de Pardaillan. La nuit est très-noire. La lanterne sourde de ces messieurs est bouchée. Ils se font entre eux des signes de reconnaissance, et se montrent la maison de Blanche. Un valet les suit portant une échelle.

SCÈNE V.

LES GENTILSHOMMES, puis TRIBOULET, puis BLANCHE.

Blanche reparaît par la porte du premier étage sur la terrasse. Elle tient à la main un flambeau qui éclaire son visage.

BLANCHE, *sur la terrasse.*
Gaucher Mahiet! nom de celui que j'aime,
Grave-toi dans mon cœur!

MONSIEUR DE PIENNE, *aux gentilshommes.*
Messieurs, c'est elle-même!

MONSIEUR DE PARDAILLAN.
Voyons.

MONSIEUR DE GORDES, *dédaigneusement.*
Quelque beauté bourgeoise!

A monsieur de Pienne.
Je te plains
Si tu fais ton régal de femmes de vilains!

En ce moment Blanche se retourne, de façon que les gentilshommes peuvent la voir.

MONSIEUR DE PIENNE, *à monsieur de Gordes.*
Comment la trouves-tu?

MAROT.
La vilaine est jolie!

MONSIEUR DE GORDES.
C'est une fée! un ange! une grâce accomplie!

MONSIEUR DE PARDAILLAN.
Quoi! c'est là la maîtresse à messer Triboulet!
Le sournois!

MONSIEUR DE GORDES.
Le faquin!

MAROT.
La plus belle au plus laid.
C'est juste. — Jupiter aime à croiser les races.

Blanche rentre chez elle. On ne voit plus qu'une lumière à la fenêtre.

MONSIEUR DE PIENNE.
Messieurs, ne perdons pas notre temps en grimaces.
Nous avons résolu de punir Triboulet,
Or, nous sommes ici, tous, à l'heure qu'il est,
Avec notre rancune, et, de plus, une échelle.
Escaladons le mur et volons-lui sa belle;
Portons la dame au Louvre, et que Sa Majesté
A son lever demain trouve cette beauté.

MONSIEUR DE COSSÉ.
Le roi mettra la main dessus, que je suppose.

MAROT.
Le diable à sa façon débrouillera la chose!

MONSIEUR DE PIENNE.
Bien dit. A l'œuvre!

MONSIEUR DE GORDES.
Au fait, c'est un morceau de roi.

Entre Triboulet.

TRIBOULET, *rêveur, au fond du théâtre.*
Je reviens... à quoi bon? Ah! je ne sais pourquoi!

MONSIEUR DE COSSÉ, *aux gentilshommes.*
Çà, trouvez-vous si bien, messieurs, que, brune et blonde,
Notre roi prenne ainsi la femme à tout le monde?
Je voudrais bien savoir ce que le roi dirait
Si quelqu'un usurpait la reine.

TRIBOULET, *avançant de quelques pas.*
Oh! mon secret!
— Ce vieillard m'a maudit! — Quelque chose me trouble!

La nuit est si épaisse qu'il ne voit pas monsieur de Gordes près de lui et qu'il le heurte en passant.

Qui va là?

MONSIEUR DE GORDES, *revenant effaré, bas aux gentilshommes.*
Triboulet, messieurs!

MONSIEUR DE COSSÉ, *bas.*
Victoire double!
Tuons le traître!

LE ROI, *à Blanche.*
. . . Quoi! déjà te laisser!
M'aimeras-tu demain?
(Page 23.)

MONSIEUR DE PIENNE.
Oh! non.
MONSIEUR DE COSSÉ.
Il est dans notre main.
MONSIEUR DE PIENNE.
Eh! nous ne l'aurions plus pour en rire demain!
MONSIEUR DE GORDES.
Oui, si nous le tuons, le tour n'est plus si drôle.
MONSIEUR DE COSSÉ.
Mais il va nous gêner.
MAROT.
Laissez-moi la parole.
Je vais arranger tout.
TRIBOULET, *qui est resté dans son coin aux aguets et
l'oreille tendue.*
On s'est parlé tout bas.
MAROT, *approchant.*
Triboulet!
TRIBOULET, *d'une voix terrible.*
Qui va là?
MAROT.
Là! ne nous mange pas.

C'est moi.
TRIBOULET.
Qui, toi?
MAROT.
Marot.
TRIBOULET.
Ah! la nuit est si noire!
MAROT.
Oui, le diable s'est fait du ciel une écritoire.
TRIBOULET
Dans quel but?...
MAROT.
Nous venons, ne l'as-tu pas pensé?
Enlever pour le roi madame de Cossé.
TRIBOULET, *respirant.*
Ah!... — très-bien!
MONSIEUR DE COSSÉ, *à part.*
Je voudrais lui rompre quelque membre!
TRIBOULET, *à Marot.*
Mais comment ferez-vous pour entrer dans sa chambre?
MAROT, *bas à monsieur de Cossé.*
Donnez-moi votre clé.

Paris.—Imprimerie Beauventure et Ducessois.

BLANCHE.
Mon père, à mon secours ! ô mon père !...

Monsieur de Cossé lui passe la clef, qu'il transmet à Triboulet.
Tiens, touche cette clé.
Y sens-tu le blason de Cossé ciselé ?

TRIBOULET, *palpant la clef.*
Les trois feuilles de scie, oui.

A part.
Mon Dieu, suis-je bête !

Montrant le mur à gauche.
Voilà l'hôtel Cossé. Que diable avais-je en tête ?

A Marot en lui rendant la clef
Vous enlevez sa femme au gros Cossé ? j'en suis !

MAROT.
Nous sommes tous masqués.

TRIBOULET.
Eh bien ! un masque !

Marot lui met un masque et ajoute au masque un bandeau, qu'il
lui attache sur les yeux et sur les oreilles.
Et puis ?

MAROT.
Tu nous tiendras l'échelle.

Les gentilshommes appliquent l'échelle au mur de la terrasse.
Marot y conduit Triboulet, auquel il la fait tenir.

TRIBOULET, *les mains sur l'échelle.*
Hum ! êtes-vous en nombre ?
Je n'y vois plus du tout.

MAROT.
C'est que la nuit est sombre.

Aux autres en riant.
Vous pouvez crier haut et marcher d'un pas lourd.
Le bandeau que voilà le rend aveugle et sourd.

Les gentilshommes montent l'échelle, enfoncent la porte du premier étage sur la terrasse, et pénètrent dans la maison. Un
moment après, l'un d'eux reparaît dans la cour, dont il ouvre
la porte en dedans; puis le groupe tout entier arrive à son
tour dans la cour et franchit la porte, emportant Blanche,
demi-nue et bâillonnée, qui se débat.

BLANCHE, *échevelée, dans l'éloignement.*
Mon père, à mon secours! ô mon père!

VOIX DE GENTILSHOMMES, *dans l'éloignement.*
Victoire !

Ils disparaissent avec Blanche.

4   4

TRIBOULET, *resté seul au bas de l'échelle.*

Çà, me font-ils ici faire mon purgatoire?
— Ont-ils bientôt fini? quelle dérision!

Il lâche l'échelle, porte la main à son masque et rencontre le bandeau.

J'ai les yeux bandés!

Il arrache son bandeau et son masque. A la lumière de la lanterne sourde qui a été oubliée à terre, il y voit quelque chose de blanc; il le ramasse et reconnaît le voile de sa fille : il se retourne; l'échelle est appliquée au mur de sa terrasse, la porte de sa maison est ouverte; il y entre comme un furieux, et reparaît un moment après traînant dame Bérarde bâillonnée et demi vêtue. Il la regarde avec stupeur, puis il s'arrache les cheveux en poussant quelques cris inarticulés. Enfin la voix lui revient.

Oh! la malédiction!

Il tombe évanoui.

III

LE ROI

ACTE TROISIÈME

L'antichambre du roi, au Louvre. — Dorures, ciselures, meubles, tapisseries, dans le goût de la renaissance. — Sur le devant de la scène, une table, un fauteuil, un pliant. — Au fond, une grande porte dorée. — A gauche, la porte de la chambre à coucher du roi, revêtue d'une portière en tapisserie. — A droite, un dressoir chargé de vaisselle d'or et d'émaux. — La porte du fond s'ouvre sur un mail.

SCÈNE PREMIÈRE.

LES GENTILSHOMMES.

MONSIEUR DE GORDES.

Maintenant arrangeons la fin de l'aventure.

MONSIEUR DE PARDAILLAN.

Il faut que Triboulet s'intrigue, se torture,
Et ne devine pas que sa belle est ici!

MONSIEUR DE COSSÉ.

Qu'il cherche sa maîtresse, oui, c'est fort bien! mais si
Les portiers cette nuit nous ont vus l'introduire?

MONSIEUR DE MONTCHENU.

Tous les huissiers du Louvre ont ordre de lui dire
Qu'ils n'ont point vu de femme entrer céans la nuit.

MONSIEUR DE PARDAILLAN.

De plus, un mien laquais, drôle aux ruses instruit,
Pour lui donner le change est allé sur sa porte
Dire aux gens du bouffon que, d'une et d'autre sorte,
Il avait vu traîner à l'hôtel d'Hautefort
Une femme à minuit qui se débattait fort.

MONSIEUR DE COSSÉ, *riant.*

Bon, l'hôtel d'Hautefort le jette loin du Louvre!

MONSIEUR DE GORDES.

Serrons bien sur ses yeux le bandeau qui les couvre.

MAROT.

J'ai ce matin au drôle envoyé ce billet :

Il tire un papier et lit.

« Je viens de t'enlever ta belle, ô Triboulet!
Je l'emmène, s'il faut t'en donner des nouvelles,
Hors de France avec moi. »

Tous rient.

MONSIEUR DE GORDES, *à Marot.*

Signé?

MAROT.

« Jean de Nivelles! »

Les éclats de rire redoublent.

MONSIEUR DE PARDAILLAN.

Oh! comme il va chercher!

MONSIEUR DE COSSÉ.

Je jouis de le voir!

MONSIEUR DE GORDES.

Qu'il va, le malheureux, avec son désespoir,
Ses poings crispés, ses dents de colère serrées,
Nous payer en un jour de dettes arriérées!

La porte latérale s'ouvre. Entre le roi, vêtu d'un magnifique négligé du matin. Il est accompagné de monsieur de Pienne. Tous les courtisans se rangent et se découvrent. Le roi et monsieur de Pienne rient aux éclats.

LE ROI, *désignant la porte du fond.*

Elle est là?

MONSIEUR DE PIENNE.

La maîtresse à Triboulet!

LE ROI.

Vraiment!

Dieu! souffler la maîtresse à mon fou! c'est charmant!

MONSIEUR DE PIENNE.

Sa maîtresse ou sa femme!

LE ROI, *à part.*

Une femme! une fille!

Je ne le savais pas si père de famille!

MONSIEUR DE PIENNE.

Le roi la veut-il voir?

LE ROI.

Pardieu!

Monsieur de Pienne sort, et revient un moment après soutenant Blanche voilée et toute chancelante. Le roi s'assied nonchalamment dans son fauteuil.

MONSIEUR DE PIENNE, *à Blanche.*

Ma belle, entrez.
Vous tremblerez après tant que vous le voudrez.
Vous êtes près du roi.

BLANCHE, *toujours voilée.*

C'est le roi, ce jeune homme!

Elle court se jeter aux pieds du roi.

A la voix de Blanche, le roi tressaille et fait signe à tous de sortir.

SCÈNE II.

LE ROI, BLANCHE.

Le roi, resté seul avec Blanche, soulève le voile qui la cache.

LE ROI.

Blanche!

BLANCHE.

Gaucher Mahiet! ciel!

LE ROI, *éclatant de rire.*

Foi de gentilhomme!

Méprise ou fait exprès, je suis ravi du tour.
Vive Dieu! ma beauté, ma Blanche, mon amour,
Viens dans mes bras!

BLANCHE, *reculant.*

Le roi! le roi! Laissez-moi, sire, —
Mon Dieu! je ne sais plus comment parler ni dire...
Monsieur Gaucher Mahiet... — Non, vous êtes le roi. —

Retombant à genoux.

Oh! qui que vous soyez, ayez pitié de moi.

LE ROI.

Avoir pitié de toi, Blanche! moi qui t'adore!
Ce que Gaucher disait, François le dit encore.
Tu m'aimes et je t'aime, et nous sommes heureux!
Etre roi ne saurait gâter un amoureux.
Enfant! tu me croyais bourgeois, clerc, moins peut-être.
Parce que le hasard m'a fait un peu mieux naître,
Parce que je suis roi, ce n'est pas un motif
De me prendre en horreur subitement tout vif!
Je n'ai pas le bonheur d'être un manant, qu'importe!

BLANCHE, *à part.*

Comme il rit! O mon Dieu! je voudrais être morte!

LE ROI, *souriant et riant plus encore.*
Oh! les fêtes, les jeux, les danses, les tournois,
Les doux propos d'amour le soir au fond des bois,
Cent plaisirs que la nuit couvrira de son aile :
Voilà ton avenir, auquel le mien se mêle!
Oh! soyons deux amants, deux heureux, deux époux!
Il faut un jour vieillir; et la vie, entre nous,
Cette étoffe où, malgré les ans qui la morcellent,
Quelques instants d'amour par places étincellent,
N'est qu'un triste haillon sans ces paillettes-là!
Blanche, j'ai réfléchi souvent à tout cela,
Et voici la sagesse : honorons Dieu le Père,
Aimons et jouissons, et faisons bonne chère!

BLANCHE, *atterrée et reculant.*
O mes illusions! qu'il est peu ressemblant!

LE ROI.
Quoi! me croyais-tu donc un amoureux tremblant,
Un cuistre, un de ces fous lugubres et sans flammes,
Qui pensent qu'il suffit, pour que toutes les femmes
Et tous les cœurs charmés se rendent devant eux,
De pousser des soupirs avec un air piteux?

BLANCHE, *le repoussant.*
Laissez-moi! — Malheureuse!

LE ROI.
Oh! sais-tu qui nous sommes?
La France, un peuple entier, quinze millions d'hommes,
Richesse, honneurs, plaisirs, pouvoir sans frein ni loi,
Tout est pour moi, tout est à moi, je suis le roi!
Eh bien! du souverain tu seras souveraine.
Blanche, je suis le roi; toi, tu seras la reine!

BLANCHE.
La reine! et votre femme!

LE ROI, *riant.*
Innocence! ô vertu!
Ah! ma femme n'est pas ma maîtresse, vois-tu!

BLANCHE.
Votre maîtresse! oh! non! quelle honte!

LE ROI.
La fière!

BLANCHE.
Je ne suis pas à vous, non, je suis à mon père!

LE ROI.
Ton père! mon bouffon! mon fou! mon Triboulet!
Ton père! il est à moi! j'en fais ce qui me plaît!
Il veut ce que je veux!

BLANCHE, *pleurant amèrement et la tête dans ses mains.*
O Dieu! mon pauvre père!
Quoi! tout est donc à vous?

Elle sanglote. Il se jette à ses pieds pour la consoler.

LE ROI, *avec un accent attendri.*
Blanche! oh! tu m'es bien chère!
Blanche, ne pleure plus! Viens sur mon cœur.

BLANCHE, *résistant.*
Jamais!

LE ROI, *tendrement.*
Tu ne m'as pas encor redit que tu m'aimais.

BLANCHE.
Oh! c'est fini!

LE ROI.
Je t'ai, sans le vouloir, blessée.
Ne sanglote donc pas comme une délaissée.
Oh! plutôt que de faire ainsi pleurer tes yeux,
J'aimerais mieux mourir, Blanche! j'aimerais mieux
Passer dans mon royaume et dans ma seigneurie
Pour un roi sans courage et sans chevalerie!
Un roi qui fait pleurer une femme! ô mon Dieu!
Lâcheté!

BLANCHE, *égarée et sanglotant.*
N'est-ce pas, tout ceci n'est qu'un jeu?
Si vous êtes le roi, j'ai mon père. Il me pleure.
Faites-moi ramener près de lui. Je demeure
Devant l'hôtel Cossé. Mais vous le savez bien.
Oh! qui donc êtes-vous? je n'y comprends plus rien.
Comme ils m'ont emportée avec des cris de fête!
Tout ceci comme un rêve est brouillé dans ma tête!

Pleurant.
Je ne sais même plus, vous que j'ai cru si doux,
Si je vous aime encor!

Reculant avec un mouvement d'horreur.
Vous roi! — J'ai peur de vous!

LE ROI, *cherchant à la prendre dans ses bras.*
Je vous fais peur, méchante!

BLANCHE, *le repoussant.*
Oh! laissez-moi!

LE ROI, *la serrant de plus près.*
Qu'entends-je?
Un baiser de pardon!

BLANCHE, *se débattant.*
Non!

LE ROI, *riant, à part.*
Quelle fille étrange!

BLANCHE, *s'échappant de ses bras.*
Laissez-moi! — Cette porte!...

Elle aperçoit la porte de la chambre du roi ouverte, s'y précipite et la referme violemment sur elle.

LE ROI, *prenant une petite clef d'or à sa ceinture.*
Oh! j'ai la clef sur moi.

Il ouvre la porte, la pousse vivement, entre, et la referme sur lui.

MAROT, *en observation à la porte du fond depuis quelques instants. Il rit.*
Elle se réfugie en la chambre du roi!
O la pauvre petite!

Appelant monsieur de Gordes.
Hé! comte.

SCÈNE III.

MAROT, puis LES GENTILSHOMMES, ensuite TRIBOULET.

MONSIEUR DE GORDES, *à Marot.*
Est-ce qu'on rentre?

MAROT.
Le lion a traîné la brebis dans son antre.

MONSIEUR DE PARDAILLAN, *sautant de joie.*
Oh! pauvre Triboulet!

MONSIEUR DE PIENNE, *qui est resté à la porte, et qui a les yeux fixés vers le dehors.*
Chut! le voici!

MONSIEUR DE GORDES, *bas aux seigneurs.*
Tout doux!
Çà, n'ayons l'air de rien, et tenons-nous bien tous.

MAROT.
Messieurs, je suis le seul qu'il puisse reconnaître.
Il n'a parlé qu'à moi.

MONSIEUR DE PIENNE.
Ne faisons rien paraître.

Entre Triboulet. Rien ne paraît changé en lui. Il a le costume et l'air indifférent du bouffon. Seulement il est très-pâle.

MONSIEUR DE PIENNE, *ayant l'air de poursuivre une conversation commencée et faisant des yeux aux plus jeunes gentilshommes, qui compriment des rires étouffés en voyant Triboulet.*
Oui, messieurs, c'est alors, — Hé! bonjour, Triboulet!
Qu'on fît cette chanson en forme de couplet :

Il chante:

Quand Bourbon vit Marseille,
Il a dit à ses gens:
Vrai Dieu! quel capitaine
Trouverons-nous dedans?

TRIBOULET, *continuant la chanson*

Au mont de la Coulombe
Le passage est étroit,
Montèrent tous ensemble
En soufflant à leurs doigts.

Rires et applaudissements ironiques.

TOUS.

Parfait!

TRIBOULET, *qui s'est avancé lentement jusque sur le devant du théâtre, à part.*

Où peut-elle être?

Il se remet à fredonner.

Montèrent tous ensemble
En soufflant à leurs doigts.

MONSIEUR DE GORDES, *applaudissant.*

Ah! Triboulet, bravo!

TRIBOULET, *examinant tous ces visages qui rient autour de lui. — A part.*

Ils ont tous fait le coup, c'est sûr!

MONSIEUR DE COSSÉ, *frappant sur l'épaule de Triboulet avec un gros rire.*

Quoi de nouveau,
Bouffon?

TRIBOULET, *aux autres, montrant monsieur de Cossé.*

Ce gentilhomme est lugubre à voir rire.

Contrefaisant monsieur de Cossé.

— Quoi de nouveau, bouffon?

MONSIEUR DE COSSÉ, *riant toujours.*

Oui, que viens-tu nous dire?

TRIBOULET, *le regardant de la tête aux pieds.*

Que si vous vous mettez à faire le charmant
Vous allez devenir encor plus assommant.

Pendant toute la première partie de la scène, Triboulet a l'air de chercher, d'examiner, de fureter. Le plus souvent son regard seul indique cette préoccupation. Quelquefois, quand il croit qu'on n'a pas l'œil sur lui, il déplace un meuble, il tourne le bouton d'une porte pour voir si elle est fermée. Du reste, il cause avec tous, comme à son habitude, d'une manière railleuse, insouciante et dégagée. Les gentilshommes, de leur côté, ricanent entre eux et se font des signes, tout en parlant de choses et d'autres.

Où l'ont-ils cachée? — Oh! si je la leur demande,
Ils se riront de moi!

Accostant Marot d'un air riant.

Marot, ma joie est grande
Que tu ne te sois pas cette nuit enrhumé.

MAROT, *jouant la surprise.*

Cette nuit?

TRIBOULET, *clignant de l'œil d'un air d'intelligence.*

Un bon tour, et dont je suis charmé!

MAROT

Quel tour?

TRIBOULET, *hochant la tête.*

Oui!

MAROT, *d'un air candide.*

Je me suis, pour toutes aventures,
Le couvre-feu sonnant, mis sous mes couvertures,
Et le soleil brillait quand je me suis levé.

TRIBOULET.

Ah! tu n'es pas sorti cette nuit? J'ai rêvé!

Il aperçoit un mouchoir sur la table et se jette dessus.

MONSIEUR DE PARDAILLAN, *bas à monsieur de Pienne.*

Tiens, duc, de mon mouchoir il regarde la lettre.

TRIBOULET, *laissant tomber le mouchoir, à part.*

Non, ce n'est pas le sien.

MONSIEUR DE PIENNE, *à quelques jeunes gens qui rient au fond.*

Messieurs!

TRIBOULET, *à part.*

Où peut-elle être?

MONSIEUR DE PIENNE, *à monsieur de Gordes.*

Qu'avez-vous donc à rire ainsi?

MONSIEUR DE GORDES, *montrant Marot.*

Pardieu, c'est lui
Qui nous fait rire!

TRIBOULET, *à part.*

Ils sont bien joyeux aujourd'hui!

MONSIEUR DE GORDES, *à Marot, en riant.*

Ne me regarde pas de cet air malhonnête,
Ou je vais te jeter Triboulet à la tête.

TRIBOULET, *à monsieur de Pienne.*

Le roi n'est pas encore éveillé!

MONSIEUR DE PIENNE.

Non, vraiment!

TRIBOULET.

Se fait-il quelque bruit dans son appartement?

Il veut approcher de la porte. Monsieur de Pardaillan le retient.

MONSIEUR DE PARDAILLAN.

Ne va pas réveiller Sa Majesté!

MONSIEUR DE GORDES, *à monsieur de Pardaillan.*

Vicomte!
Ce faquin de Marot nous fait un plaisant conte!
Les trois Guy, revenus, ma foi, l'on ne sait d'où,
Ont trouvé l'autre nuit, — qu'en dit-ce maître fou? —
Leurs femmes, toutes trois, avec d'autres...

MAROT.

Cachées.

TRIBOULET.

Les morales du temps se font si relâchées!

MONSIEUR DE COSSÉ.

Les femmes, c'est si traître!

TRIBOULET, *à monsieur de Cossé.*

Oh! prenez garde!

MONSIEUR DE COSSÉ.

Quoi?

TRIBOULET.

Prenez garde, monsieur de Cossé.

MONSIEUR DE COSSÉ.

Quoi?

TRIBOULET.

Je vois
Quelque chose d'affreux qui vous pend à l'oreille.

MONSIEUR DE COSSÉ.

Quoi donc?

TRIBOULET, *lui riant au nez.*

Une aventure absolument pareille!

MONSIEUR DE COSSÉ, *le menaçant avec colère.*

Hun!

TRIBOULET.

Messieurs, l'animal est, vraiment, curieux.
Voilà le cri qu'il fait quand il est furieux.

Contrefaisant monsieur de Cossé.

— Hun!

Tous rient. Entre un gentilhomme à la livrée de la reine.

MONSIEUR DE PIENNE.

Qu'est-ce, Vaudragon?

LE GENTILHOMME.

La reine ma maîtresse
Demande à voir le roi pour affaire qui presse.

Monsieur de Pienne lui fait signe que la chose est impossible, le gentilhomme insiste.

Madame de Brézé n'est pas chez lui pourtant.

MONSIEUR DE PIENNE, *avec impatience.*

Le roi n'est pas levé.

LE GENTILHOMME.

Comment, duc! dans l'instant
Il était avec vous.

MONSIEUR DE PIENNE, *dont l'humeur redouble, et qui fait au gentilhomme des signes que celui-ci ne comprend pas, et que Triboulet observe avec une attention profonde.*

Le roi chasse.

LE GENTILHOMME.

Sans pages
Et sans piqueurs alors; car tous ses équipages
Sont là.

MONSIEUR DE PIENNE, *à part.*

Diable!

Parlant au gentilhomme entre deux yeux et avec colère.

On vous dit, comprenez-vous ceci?
Que le roi ne peut voir personne!

TRIBOULET, *éclatant et d'une voix de tonnerre.*

Elle est ici!
Elle est avec le roi!

Étonnement dans les gentilshommes.

MONSIEUR DE GORDES.
Qu'a-t-il donc? il délire!

Elle!

TRIBOULET.

Oh! vous savez bien, messieurs, qui je veux dire!
Ce n'est pas une affaire à me dire : Va-t'en!
— La femme qu'à vous tous, Cossé, Pienne et Satan,
Brion, Montmorency!... la femme désolée
Que vous avez hier dans ma maison volée,
— Monsieur de Pardaillan, vous en étiez aussi! —
Oh! je la reprendrai, messieurs! — Elle est ici!

MONSIEUR DE PIENNE, *riant.*

Triboulet a perdu sa maitresse. — gentille
Ou laide, qu'il la cherche ailleurs.

TRIBOULET, *effrayant.*
Je veux ma fille!

TOUS.
Sa fille!

Mouvement de surprise.

TRIBOULET, *croisant les bras.*

C'est ma fille! — Oui, riez maintenant!
Ah! vous restez muets! vous trouvez surprenant
Que ce bouffon soit père et qu'il ait une fille?
Les loups et les seigneurs n'ont-ils pas leur famille?
Ne puis-je avoir aussi la mienne? Allons! assez!

D'une voix terrible.

Que si vous plaisantiez, c'est charmant, finissez!
Ma fille, je la veux, voyez-vous! — Oui, l'on cause,
On chuchote, on se parle en riant de la chose.
Moi, je n'ai pas besoin de votre air triomphant.
Messeigneurs, je vous dis qu'il me faut mon enfant!

Il se jette sur la porte du roi.

Elle est là!

*Tous les gentilshommes se placent devant la porte,
et l'empêchent.*

MAROT.
Sa folie en furie est tournée.

TRIBOULET, *reculant avec désespoir.*

Courtisans! courtisans! démons! race damnée!
C'est donc vrai qu'ils m'ont pris ma fille, ces bandits!
— Une femme à leurs yeux, ce n'est rien, je vous dis!
Quand le roi, par bonheur, est un roi de débauches,
Les femmes des seigneurs, lorsqu'ils ne sont pas gauches,
Les servent fort. — L'honneur d'une vierge, pour eux,
C'est un luxe inutile, un trésor onéreux.
Une femme est un champ qui rapporte, une ferme
Dont le royal loyer se paye à chaque terme.
Ce sont mille faveurs pleuvant on ne sait d'où,
C'est un gouvernement, un collier de cou,
Un tas d'accroissements que sans cesse on augmente!

Les regardant tous en face.

— En est-il parmi vous un seul qui me démente?
N'est-ce pas que c'est vrai, messeigneurs? — En effet,

Il va de l'un à l'autre.

Vous lui vendriez tous, si ce n'est déjà fait,
Pour un nom, pour un titre, ou toute autre chimère,

A monsieur de Brion.

Toi, ta femme, Brion!

A monsieur de Gordes.

Toi, ta sœur!

Au jeune page Pardaillan.

Toi, ta mère!

*Un page se verse un verre de vin au buffet, et se met à boire en
fredonnant*

Quand Bourbon vit Marseille,
Il a dit à ses gens :
Vrai Dieu! quel capitaine...

TRIBOULET, *se retournant.*

Je ne sais à quoi tient, vicomte d'Aubusson,
Que je te brise aux dents ton verre et ta chanson!

A tous.

Qui le croirait? des ducs et pairs, des grands d'Espagne,
O honte! un Vermandois qui vient de Charlemagne,
Un Brion, dont l'aïeul était duc de Milan,
Un Gordes-Simiane, un Pienne, un Pardaillan,
Vous, un Montmorency! les plus grands noms qu'on nomme,
Avoir été voler sa fille à ce pauvre homme!
— Non, il n'appartient point à ces grandes maisons
D'avoir des cœurs si bas sous d'aussi fiers blasons!
Non, vous n'en êtes pas! — Au milieu des huées,
Vos mères aux laquais se sont prostituées!
Vous êtes tous bâtards!

MONSIEUR DE GORDES.
Ah çà, drôle!

TRIBOULET.
Combien
Le roi vous donne-t-il pour lui vendre mon bien?
Il a payé le coup, dites!

S'arrachant les cheveux.

Moi qui n'ai qu'elle!
—Si je voulais.—Sans doute.—Elle est jeune, elle est belle!
Certe, il me la paîrait!

Les regardant tous.

Est-ce que votre roi
S'imagine qu'il peut quelque chose pour moi?
Peut-il couvrir mon nom d'un nom comme les vôtres?
Peut-il me faire beau, bien fait, pareil aux autres?
— Enfer! il m'a tout pris! — Oh! que ce tour charmant
Est vil, atroce, horrible, et s'est fait lâchement!
Scélérats! assassins! vous êtes des infâmes,
Des voleurs, des bandits, des tourmenteurs de femmes!
Messeigneurs, il me faut ma fille! il me la faut
A la fin! allez-vous me la rendre bientôt?
— Oh! voyez cette main, — main qui n'a rien d'illustre,
Main d'un homme du peuple, et d'un serf, et d'un rustre,
Cette main qui paraît désarmée aux rieurs,
Et qui n'a pas d'épée, a des ongles, messieurs!
— Voici longtemps déjà que j'attends, il me semble!
Rendez-la-moi! — La porte! ouvrez-la!

*Il se jette de nouveau en furieux sur la porte, que défendent
tous les gentilshommes. Il lutte contre eux quelque temps et
revient enfin tomber sur le devant du théâtre, épuisé, hale-
tant, à genoux.*

Tous ensemble

Contre moi! dix contre un!

Fondant en larmes et en sanglots.

Hé bien! je pleure, oui!

A Marot.

Marot, tu t'es de moi bien assez réjoui.
Si tu gardes une âme, une tête inspirée,
Un cœur d'homme du peuple, encor, sous ta livrée,
Où me l'ont-ils cachée, et qu'en ont-ils fait, dis!
Elle est là, n'est-ce pas? Oh! parmi ces maudits,
Faisons cause commune en frères que nous sommes!
Toi seul as de l'esprit dans tous ces gentilshommes.
Marot! mon bon Marot! — Tu te tais!

Se traînant vers les seigneurs.

Oh! voyez!
Je demande pardon, messeigneurs, sous vos pieds!
Je suis malade... Ayez pitié, je vous en prie!
— J'aurais un autre jour mieux pris l'espiéglerie.
Mais, voyez-vous, souvent j'ai, quand je fais un pas,
Bien des maux dans le corps dont je ne parle pas.
On a comme cela ses mauvaises journées
Quand on est contrefait. — Depuis bien des années,
Je suis votre bouffon : je demande merci!
Grâce! ne brisez pas votre hochet ainsi!
Ce pauvre Triboulet qui vous a tant fait rire!
Vraiment, je ne sais plus maintenant que vous dire!
Rendez-moi mon enfant, messeigneurs, rendez-moi
Ma fille, qu'on me cache en la chambre du roi!
Mon unique trésor! — Mes bons seigneurs, par grâce!
Qu'est-ce que vous voulez à présent que je fasse
Sans ma fille? — Mon sort est déjà si mauvais!

C'était la seule chose au monde que j'avais!

       Tous gardent le silence. Il se relève désespéré.

Ah Dieu! vous ne savez que rire ou que vous taire!
C'est donc un grand plaisir de voir un pauvre père
Se meurtrir la poitrine, et s'arracher du front
Des cheveux que deux nuits pareilles blanchiront!

*La porte de la chambre du roi s'ouvre brusquement. Blanche en
sort, éperdue, égarée, en désordre; elle vient tomber dans les
bras de son père avec un cri terrible.*

           BLANCHE.
Mon père! ah!

     TRIBOULET, *la serrant dans ses bras.*
        Mon enfant! ah! c'est elle! ah! ma fille!
Ah! messieurs!

     Suffoqué de sanglots et riant au travers.

       Voyez-vous, c'est toute ma famille,
Mon ange!—Elle de moins, quel deuil dans ma maison!
— Messeigneurs, n'est-ce pas que j'avais bien raison,
Qu'on ne peut m'en vouloir des sanglots que je pousse,
Et qu'une telle enfant, si charmante et si douce,
Qu'à la voir seulement on deviendrait meilleur,
Cela ne se perd pas sans des cris de douleur!

     A Blanche.

— Ne crains plus rien. — C'était une plaisanterie,
C'était pour rire. — Ils t'ont fait bien peur, je parie.
Mais ils sont bons. — Ils ont vu comme je t'aimais.
Blanche, ils nous laisseront tranquilles désormais.

     Aux seigneurs.

— N'est-ce pas?

     A Blanche en la serrant dans ses bras.

       — Quel bonheur de te revoir encore!
J'ai tant de joie au cœur, que maintenant j'ignore
Si ce n'est pas heureux, — je ris, moi qui pleurais! —
De te perdre un moment pour te ravoir après!

     La regardant avec inquiétude.

— Mais pourquoi pleurer, toi?
BLANCHE, *voilant dans ses mains son visage couvert de
larmes et de rougeur.*
         Malheureux que nous sommes!
La honte...

     TRIBOULET, *tressaillant.*
     Que dis-tu?
BLANCHE, *cachant sa tête dans la poitrine de son père.*
       Pas devant tous ces hommes!
Rougir devant vous seul!
TRIBOULET, *se tournant avec un tremblement de rage vers
la porte du roi.*
       Oh! l'infâme! — elle aussi!
     BLANCHE, *sanglotant et tombant à ses pieds.*
Rester seule avec vous!
TRIBOULET, *faisant trois pas, et balayant du geste tous
les seigneurs interdits.*
       Allez-vous-en d'ici!
Et, si le roi François par malheur se hasarde
A passer près d'ici,

     A monsieur de Vermandois

       vous êtes de sa garde,
Dites-lui de ne pas entrer, — que je suis là.
       MONSIEUR DE PIENNE.
On n'a jamais rien vu de fou comme cela.
    MONSIEUR DE GORDES, *lui faisant signe de se retirer.*
Aux fous comme aux enfants on cède quelque chose.
Veillons pourtant, de peur d'accident.

       Ils sortent.

TRIBOULET, *s'asseyant sur le fauteuil du roi et relevant
sa fille.*
       Allons, cause,

Dis-moi tout.—

*Il se retourne, et, apercevant monsieur de Cossé, qui est resté,
il se lève à demi en lui montrant la porte.*

     M'avez-vous entendu, monseigneur?

MONSIEUR DE COSSÉ, *tout en se retirant comme subjugué
par l'ascendant du bouffon.*
Ces fous, cela se croit tout permis, en honneur!

       Il sort.

         SCÈNE IV.

      BLANCHE, TRIBOULET.

     TRIBOULET, *grave.*
Parle à présent.
   BLANCHE, *les yeux baissés, interrompue de sanglots.*
     Mon père, il faut que je vous conte
Qu'il s'est hier glissé dans la maison... —

     Pleurant, et les mains sur ses yeux.

          J'ai honte!

*Triboulet la serre dans ses bras et lui essuie le front avec
tendresse.*

Depuis longtemps, — j'aurais dû vous parler plus tôt, —
Il me suivait. —

     S'interrompant encore.

     Il faut reprendre de plus haut.
— Il ne me parlait pas. — Il faut que je vous dise
Que ce jeune homme allait le dimanche à l'église...
       TRIBOULET.
Oui! le roi!
     BLANCHE, *continuant.*
     Que toujours, pour être vu, je crois,
Il remuait ma chaise en passant près de moi.

     D'une voix de plus en plus faible.

Hier, dans la maison il a su s'introduire...
       TRIBOULET.
Que je t'épargne au moins l'angoisse de tout dire!
Je devine le reste! —

       Il se lève.

       O douleur! il a pris,
Pour en marquer ton front, l'opprobre et le mépris!
Son haleine a souillé l'air pur qui t'environne!
Il a brutalement effeuillé ta couronne!
Blanche! ô mon seul asile en l'état où je suis!
Jour qui me réveillais au sortir de leurs nuits!
Ame par qui mon âme à la vertu remonte!
Voile de dignité déployé sur ma honte!
Seul abri du maudit à qui tout dit adieu!
Ange oublié chez moi par la pitié de Dieu!
Ciel! perdue, enfouie, en cette boue immonde,
La seule chose sainte où je crusse en ce monde!
Que vais-je devenir après ce coup fatal,
Moi qui dans cette cour, prostituée au mal,
Hors de moi comme en moi, ne voyais sur la terre
Que vice, effronterie, impudeur, adultère,
Infamie et débauche, et n'avais sous les cieux
Que ta virginité pour reposer mes yeux!
Je m'étais résigné, j'acceptais ma misère.
Les pleurs, l'abjection profonde et nécessaire,
L'orgueil qui toujours saigne au fond du cœur brisé,
Le rire du mépris sur mes maux aiguisé,
Oui, toutes ces douleurs où la honte se mêle,
J'en voulais bien pour moi, mon Dieu, mais non pour elle!
Plus j'étais tombé bas, plus je la voulais haut.
Il faut bien un autel auprès d'un échafaud.
L'autel est renversé! — Cache ton front, — oui, pleure,
Chère enfant! je t'ai fait trop parler tout à l'heure,
N'est-ce pas? pleure bien. — Une part des douleurs,
A ton âge, parfois, s'écoule avec les pleurs.
Verse tout, si tu peux, dans le cœur de ton père!

       Rêvant.

Blanche, quand j'aurai fait ce qui me reste à faire,
Nous quitterons Paris. — Si j'échappe pourtant!

       Rêvant toujours.

Quoi! suffit-il d'un jour pour que tout change tant?

       Se relevant avec fureur.

O malédiction! qui donc m'aurait pu dire

Que cette cour infâme, effrénée, en délire,
Qui va, qui court, broyant et la femme et l'enfant,
Échappée à travers tout ce que Dieu défend,
N'effaçant un forfait que par un plus étrange,
Éparpillant au loin du sang et de la fange,
Irait, jusque dans l'ombre où tu fuyais leurs yeux,
Éclabousser ce front chaste et religieux!

Se tournant vers la chambre du roi.

O roi François premier! puisse Dieu qui m'écoute
Te faire trébucher bientôt dans cette route!
Puisse s'ouvrir demain le sépulcre où tu cours!

BLANCHE, levant les yeux au ciel. A part.

O Dieu! n'écoutez pas, car je l'aime toujours!

Bruit de pas au fond du théâtre; dans la galerie extérieure paraît un cortége de soldats et de gentilshommes. A leur tête, monsieur de Pienne.

MONSIEUR DE PIENNE, appelant.

Monsieur de Montchenu, faites ouvrir la grille
Au sieur de Saint-Vallier qu'on mène à la Bastille.

Le groupe de soldats défile deux à deux au fond. Au moment où monsieur de Saint-Vallier, qu'ils entourent, passe devant la porte, il s'y arrête et se tourne vers la chambre du roi.

MONSIEUR DE SAINT-VALLIER, d'une voix haute

Puisque, par votre roi d'outrages abreuvé,
Ma malédiction n'a pas encor trouvé
Ici-bas ni là-haut de voix qui me réponde,
Pas une foudre au ciel, pas un bras d'homme au monde,
Je n'espère plus rien. Ce roi prospérera.

TRIBOULET, relevant la tête et le regardant en face.

Comte, vous vous trompez! — Quelqu'un vous vengera!

IV

BLANCHE

ACTE QUATRIÈME

Une grève déserte au bord de la Seine, au-dessous de Saint-Germain. — A droite, une masure misérablement meublée de grosses poteries et d'escabeaux de chêne, avec un premier étage en grenier où l'on distingue un grabat par la fenêtre. La devanture de cette masure tournée vers le spectateur est tellement à jour, qu'on en voit tout l'intérieur. Il y a une table, une cheminée, et au fond un roide escalier qui mène au grenier. Celle des faces de cette masure qui est à la gauche de l'acteur est percée d'une porte qui s'ouvre en dedans. Le mur est mal joint, troué de crevasses et de fentes, et il est facile de voir au travers ce qui se passe dans la maison. Il y a un judas grillé à la porte, qui est recouverte au dehors d'un auvent et surmontée d'une enseigne d'auberge. — Le reste du théâtre représente la grève. — A gauche, il y a un vieux parapet en ruine au bas duquel coule la Seine, et dans lequel est scellé le support de la cloche du bac. — Au fond, au delà de la rivière, le bois du Vésinet. A droite, un détour de la Seine laisse voir la colline de Saint-Germain avec la ville et le château dans l'éloignement.

SCÈNE PREMIÈRE.

TRIBOULET, BLANCHE, en dehors; SALTABADIL, dans la maison.

Pendant toute cette scène, Triboulet doit avoir l'air inquiet et préoccupé d'un homme qui craint d'être dérangé, vu et surpris. Il doit regarder souvent autour de lui, et surtout du côté de la masure. Saltabadil, assis dans l'auberge, près d'une table, s'occupe à fourbir son ceinturon, sans rien entendre de ce qui se passe à côté.

TRIBOULET.

Et tu l'aimes?

BLANCHE.

Toujours!

TRIBOULET.

Je t'ai pourtant laissé
Tout le temps de guérir cet amour insensé.

BLANCHE.

Je l'aime.

TRIBOULET.

O pauvre cœur de femme! — Mais explique
Tes raisons pour l'aimer.

BLANCHE.

Je ne sais.

TRIBOULET.

C'est unique!
C'est étrange!

BLANCHE.

Oh! non pas. C'est bien cela qui fait
Justement que je l'aime. On rencontre en effet
Des hommes quelquefois qui vous sauvent la vie,
Des maris qui vous font riche et digne d'envie. —
Les aime-t-on toujours? — Lui ne m'a fait, je crois,
Que du mal, et je l'aime, et j'ignore pourquoi.
Tenez, c'est à ce point qu'il n'est rien que j'oublie,
Et que, s'il le fallait, passe — voyez quelle folie! —
Lui qui m'est si fatal, vous qui m'êtes si doux,
Mon père, je mourrais pour lui comme pour vous!

TRIBOULET.

Je te pardonne, enfant!

BLANCHE.

Mais, écoutez, il m'aime.

TRIBOULET.

Non! — Folle!

BLANCHE.

Il me l'a dit! il me l'a juré même!
Et puis il dit si bien, et d'un air si vainqueur,
De ces choses d'amour qui vous prennent au cœur!
Et puis il a des yeux si doux pour une femme!
C'est un roi brave, illustre et beau!

TRIBOULET, éclatant.

C'est un infâme!
Il ne sera pas dit, le lâche suborneur,
Qu'il m'ait impunément arraché mon bonheur!

BLANCHE.

Vous aviez pardonné, mon père...

TRIBOULET.

Au sacrilège!
Il me fallait le temps de construire le piége.
Voilà.

BLANCHE.

Depuis un mois, — je vous parle en tremblant, —
Vous avez l'air d'aimer le roi.

TRIBOULET.

Je fais semblant.
— Je te vengerai, Blanche!

BLANCHE, joignant les mains.

Épargnez-moi, mon père!
Te viendrait-il du moins au cœur quelque colère
S'il se trompait?

BLANCHE.

Lui? non. Je ne crois pas cela.

TRIBOULET.

Et si tu le voyais de ces yeux que voilà?
Dis, s'il ne t'aimait plus, tu l'aimerais encore?

BLANCHE.

Je ne sais pas. — Il m'aime, il me dit qu'il m'adore
Il me l'a dit hier.

TRIBOULET, amèrement.

A quelle heure?

BLANCHE.

Hier soir.

TRIBOULET.

Eh bien! regarde donc, et vois si tu peux voir!

Il désigne à Blanche une des crevasses du mur de la maison: elle regarde.

BLANCHE, bas.

Je ne vois rien qu'un homme.

TRIBOULET, baissant aussi la voix.

Attends un peu.

LE ROI.

L'ami, ton ceinturon deviendrait bien plus clair,
Si tu l'allais un peu nettoyer en plein air.

Le roi, vêtu en simple officier, paraît dans la salle basse de l'hôtellerie. Il entre par une petite porte qui communique avec
quelque chambre voisine.

BLANCHE, *tressaillant.*

Mon père !

Pendant toute la scène qui suit, elle demeure collée à la cre-
vasse du mur, regardant, écoutant tout ce qui se passe dans
l'intérieur de la salle, inattentive à tout le reste, agitée par
moments d'un tremblement convulsif.

SCÈNE II.

LES MÊMES, LE ROI, MAGUELONNE

Le roi frappe sur l'épaule de Saltabadil, qui se retourne, dérangé
brusquement dans son opération

LE ROI.

Deux choses sur-le-champ

SALTABADIL.

Quoi ?

LE ROI.

Ta sœur et mon verre

TRIBOULET, *dehors.*

Voilà ses mœurs. Ce roi par la grâce de Dieu
Se risque souvent seul dans plus d'un méchant lieu,
Et le vin qui le mieux le grise et le gouverne
Est celui que lui verse une Hébé de taverne.

LE ROI, *dans le cabaret, chantant.*

Souvent femme varie,
Bien fol est qui s'y fie !
Une femme souvent
N'est qu'une plume au vent !

Saltabadil est allé silencieusement chercher dans la pièce voisine une bouteille et un verre, qu'il apporte sur la table. Puis
il frappe deux coups au plafond avec le pommeau de sa longue
épée. A ce signal, une belle jeune fille, vêtue en bohémienne,
leste et riante, descend l'escalier en sautant. Dès qu'elle entre,
le roi cherche à l'embrasser ; mais elle lui échappe.

LE ROI, à *Saltabadil, qui s'est remis gravement à frotter
son baudrier.*

L'ami, ton ceinturon deviendrait bien plus clair,

Paris.—Imprimerie Bonaventure et Ducessols.

J.A. BEAUCE.

TRIBOULET.
Non, je veux l'y jeter moi-même...
(Page 34.)

Si tu l'allais un peu nettoyer en plein air

SALTABADIL

Je comprends.

Il se lève, salue gauchement le roi, ouvre la porte du dehors, et sort en la refermant après lui. Une fois hors de la maison, il aperçoit Triboulet, vers qui il se dirige d'un air de mystère. Pendant les quelques paroles qu'ils échangent, la jeune fille fait des agaceries au roi, et Blanche observe avec terreur.—Bas à Triboulet, désignant du doigt la maison.

Voulez-vous qu'il vive ou bien qu'il meure ?

Votre homme est dans nos mains. — Là.

TRIBOULET.

Reviens tout à l'heure.

Il lui fait signe de s'éloigner. Saltabadil disparaît à pas lents derrière le vieux parapet. Pendant ce temps là, le roi lutine la jeune bohémienne, qui le repousse en riant.

MAGUELONNE, *que le roi veut embrasser.*

Nenni.

LE ROI.

Bon. Dans l'instant, pour te serrer de près,
Tu m'as très-fort battu. Nenni, c'est un progrès
Nenni, c'est un grand pas. – Toujours elle recule!
—Causons.—

La bohémienne se rapproche.

Voilà huit jours, —c'est à l'hôtel d'Hercule...
— Qui m'avait mené là? mons Triboulet, je crois, —
Que j'ai vu tes beaux yeux pour la première fois.
Or, depuis ces huit jours, belle enfant, je t'adore.
Je n'aime que toi seule!

MAGUELONNE, *riant.*

Et vingt autres encore!

Monsieur. vous m'avez l'air d'un libertin parfait!

LE ROI, *riant aussi.*

Oui, j'ai fait le malheur de plus d'une, en effet.
C'est vrai, je suis un monstre.

MAGUELONNE.

Oh! le fat!

LE ROI.

Je t'assure.

Çà, tu m'as ce matin mené dans ta masure,
Méchante hôtellerie où l'on dine fort mal
Avec du vin que fait ton frère, un animal
Fort laid, et qui doit être un drôle bien farouche
D'oser montrer son mufle à côté de ta bouche.
C'est égal, je prétends y passer cette nuit.

5   5

MAGUELONNE, *à part.*
Bon, cela va tout seul.
Au roi, qui veut encore l'embrasser.
Laissez-moi!
LE ROI.
Que de bruit!
MAGUELONNE.
Soyez sage!
LE ROI.
Voici la sagesse, ma chère :
— Aimons, et jouissons, et faisons bonne chère.
Je pense là-dessus comme feu Salomon.
MAGUELONNE.
Tu vas au cabaret plus souvent qu'au sermon.
LE ROI, *lui tendant les bras.*
Maguelonne!
MAGUELONNE, *lui échappant.*
Demain!
LE ROI.
Je renverse la table
Si tu redis ce mot sauvage et détestable.
Jamais une beauté ne doit dire demain.
MAGUELONNE, *s'apprivoisant tout d'un coup et venant s'asseoir gaiement sur la table auprès du roi.*
Eh bien! faisons la paix.
LE ROI, *lui prenant la main.*
Mon Dieu, la belle main!
Et qu'on recevrait mieux, sans être un bon apôtre,
Soufflets de celle-là que caresses d'une autre!
MAGUELONNE, *charmée.*
Vous vous moquez!
LE ROI.
Jamais!
MAGUELONNE.
Je suis laide!
LE ROI.
Oh! non pas.
Rends donc plus de justice à tes divins appas!
Je brûle! Ignores-tu, reine des inhumaines,
Comme l'amour nous tient, nous autres capitaines,
Et que, quand la beauté nous accepte pour siens,
Nous sommes braise et feu jusque chez les Russiens?
MAGUELONNE, *éclatant de rire.*
Vous avez lu cela quelque part dans un livre.
LE ROI, *à part.*
C'est possible.
Haut.
Un baiser.
MAGUELONNE.
Allons, vous êtes ivre!
LE ROI, *souriant.*
D'amour.
MAGUELONNE.
Vous vous raillez avec votre air mignon,
Monsieur l'insouciant de belle humeur!
LE ROI.
Oh! non
Le roi l'embrasse
MAGUELONNE.
C'est assez!
LE ROI.
Çà, je veux t'épouser.
MAGUELONNE, *riant.*
Ta parole?
LE ROI.
Quelle fille d'amour délicieuse et folle!
Il la prend sur ses genoux et se met à lui parler tout bas. Elle rit et minaude. Blanche n'en peut supporter davantage; elle se retourne, pâle et tremblante, vers Triboulet.
TRIBOULET, *après l'avoir regardée un instant en silence.*
Hé bien! que penses-tu de la vengeance, enfant?
BLANCHE, *pouvant à peine parler.*
O trahison!—L'ingrat! Grand Dieu! mon cœur se fend!
Oh! comme il me trompait! Mais c'est qu'il n'a point d'âme!
Mais c'est abominable! Il dit à cette femme
Des choses qu'il m'avait déjà dites à moi.

Cachant sa tête dans la poitrine de son père.
— Et cette femme, est-elle effrontée! — oh!...
TRIBOULET, *à voix basse.*
Tais-toi.
Pas de pleurs. Laisse-moi te venger!
BLANCHE.
Hélas! — Faites
Tout ce que vous voudrez.
TRIBOULET.
Merci!
BLANCHE.
Grand Dieu! vous êtes
Effrayant. Quel dessein avez-vous?
TRIBOULET.
Tout est prêt.
Ne me le reprends pas, cela m'étoufferait!
Ecoute. Va chez moi, prends-y des habits d'homme,
Un cheval, de l'argent, n'importe quelle somme,
Et pars, sans t'arrêter un instant en chemin,
Pour Evreux, où j'irai te joindre après-demain.
— Tu sais, ce coffre auprès du portrait de ta mère?
L'habit est là. — Je l'ai d'avance exprès fait faire. —
Le cheval est sellé. — Que tout soit fait ainsi.
Va. — Surtout garde-toi de revenir ici :
Car il va s'y passer une chose terrible.
Va.
BLANCHE.
Venez avec moi, mon bon père!
TRIBOULET.
Impossible.
Il l'embrasse.
Ah! je tremble!
TRIBOULET.
A bientôt!
Il l'embrasse encore. Blanche se retire en chancelant.
Fais ce que je te dis.
Pendant toute cette scène et la suivante, le roi et Maguelonne, toujours seuls dans la salle basse, continuent de se faire des agaceries et de se parler à voix basse en riant. — Une fois Blanche éloignée, Triboulet va au parapet et fait un signe. Saltabadil reparaît. Le jour baisse.

SCÈNE III.

TRIBOULET, SALTABADIL, dehors. — MAGUELONNE, LE ROI, dans la maison.

TRIBOULET, *comptant des écus d'or devant Saltabadil.*
Tu m'en demandes vingt, en voici d'abord dix.
S'arrêtant au moment de les lui donner.
Il passe ici la nuit, pour sûr?
SALTABADIL, *qui a été examiner l'horizon avant de répondre.*
Le temps se couvre.
TRIBOULET, *à part.*
Au fait, il ne va pas toujours coucher au Louvre.
SALTABADIL.
Soyez tranquille; avant une heure il va pleuvoir.
La tempête et ma sœur le retiendront ce soir.
TRIBOULET.
A minuit je reviens.
SALTABADIL.
N'en prenez pas la peine.
Je puis jeter tout seul un cadavre à la Seine.
TRIBOULET.
Non, je veux l'y jeter moi-même.
SALTABADIL.
A votre gré.
Tout cousu dans un sac je vous le livrerai.
TRIBOULET, *lui donnant l'argent.*
Bien. — A minuit! — J'aurai le reste de la somme.
SALTABADIL.
Tout sera fait.—Comment nommez-vous ce jeune homme?

TRIBOULET.

Son nom? Veux-tu savoir le mien également?
Il s'appelle le crime, et moi le châtiment!

Il sort.

SCÈNE IV.

LES MÊMES, moins TRIBOULET.

SALTABADIL, *resté seul, examinant l'horizon qui se charge
de nuages du côté de Saint-Germain. La nuit est presque tombée; quelques éclairs.*

L'orage vient, la ville en est presque couverte.
Tant mieux! tantôt la grève en sera plus déserte.

Réfléchissant.

Autant qu'on peut juger de tout ceci, ma foi,
Tous ces gens-là m'ont l'air d'avoir on ne sait quoi.
Je ne devine rien de plus, l'aze me quille!

Il examine le ciel en hochant la tête. Pendant ce temps-là, le roi
badine avec Maguelonne.

LE ROI, *essayant de lui prendre la taille.*
Maguelonne!

MAGUELONNE, *lui échappant.*
Attendez!

LE ROI.
O ja méchante fille!

MAGUELONNE, *chantant.*

Bourgeon qui pousse en avril
Met peu de vin au baril.

LE ROI.

Quelle épaule! quel bras! ma charmante ennemie,
Qu'il est blanc! — Jupiter! la belle anatomie!
Pourquoi faut-il que Dieu qui fit ces beaux bras nus
Ait mis le cœur d'un Turc dans ce corps de Vénus?

MAGUELONNE.

Lairelanlaire!

Repoussant encore le roi.
Point. Mon frère vient.

Entre Saltabadil, qui referme la porte sur lui.
LE ROI.

Qu'importe!

On entend un tonnerre éloigné.
MAGUELONNE.

Il tonne.

SALTABADIL.

Il va pleuvoir d'une admirable sorte.

LE ROI, *frappant sur l'épaule de Saltabadil.*

Bon. Qu'il pleuve! — Il me plaît cette nuit de choisir
Ta chambre pour logis.

MAGUELONNE.

C'est votre bon plaisir?
Prend-il des airs de roi! — Monsieur, votre famille
S'alarmera.

Saltabadil la tire par le bras et lui fait des signes.

LE ROI.

Je n'ai ni grand'mère, ni fille,
Et je ne tiens à rien.

SALTABADIL, *à part*
Tant mieux!

La pluie commence à tomber à larges gouttes. Il est nuit noire.

LE ROI, *à Saltabadil.*

Tu coucheras,
Mon cher, à l'écurie, au diable, où tu voudras.

SALTABADIL, *saluant.*

Merci.

MAGUELONNE, *au roi, très-bas et très-vivement, tout en
allumant une lampe.*

Va-t'en!

LE ROI, *éclatant de rire et tout haut.*

Il pleut. Veux-tu pas que je sorte
D'un temps à ne pas mettre un poëte à la porte?

Il va regarder à la fenêtre.

SALTABADIL, *bas à Maguelonne, lui montrant l'or qu'il a
dans la main.*

Laisse-le donc rester! — Dix écus d'or! et puis
Dix autres à minuit.

Gracieusement au roi.

Trop heureux si je puis
Offrir pour cette nuit à monseigneur ma chambre!

LE ROI, *riant.*

On y grille en juillet, en revanche en décembre
On y gèle, est-ce pas?

SALTABADIL.

Monsieur la veut-il voir?

LE ROI.

Voyons.

*Saltabadil prend la lampe. Le roi va dire deux mots en riant à
l'oreille de Maguelonne. Puis tous deux montent l'échelle qui
mène à l'étage supérieur, Saltabadil précédant le roi.*

MAGUELONNE, *restée seule.*

Pauvre jeune homme!

Allant à une fenêtre.

O mon Dieu! qu'il fait noir!

*On voit par la lucarne d'en haut Saltabadil et le roi dans le
grenier.*

SALTABADIL, *au roi.*

Voici le lit, monsieur, la chaise, puis la table.

LE ROI.

Combien de pieds en tout?

Il regarde alternativement le lit, la table et la chaise.

Trois, six, neuf, — admirable!
Tes meubles étaient donc à Marignan, mon cher,
Qu'ils sont tous éclopés?

S'approchant de la lucarne, dont les carreaux sont cassés.

Et l'on dort en plein air.
Ni vitres, ni volets. Impossible qu'on traite
Le vent qui veut entrer de façon plus honnête!

A Saltabadil, qui vient d'allumer une veilleuse sur la table.

Bonsoir.

SALTABADIL.

Que Dieu vous garde!

*Il sort, pousse la porte, et on l'entend redescendre lentement
l'escalier.*

LE ROI, *seul, débouclant son baudrier.*

Ah! je suis las, mordieu!—
Donc, en attendant mieux, je vais dormir un peu.

*Il pose sur la chaise son chapeau et son épée, défait ses bottes
et s'étend sur le lit.*

Que cette Maguelonne est fraîche, vive, alerte!

Se redressant.

J'espère bien qu'il a laissé la porte ouverte.
— Oui, c'est bien!

*Il se recouche, et en un moment on le voit profondément en-
dormi sur le grabat. Cependant Maguelonne et Saltabadil sont
tous deux dans la salle inférieure. L'orage a éclaté depuis quelques instants. Il couvre le théâtre de pluie et d'éclairs. A chaque instant des coups de tonnerre. Maguelonne est assise près
de la table, quelque couture à la main. Son frère achève de
vider, d'un air réfléchi, la bouteille qu'a laissée le roi. Tous
deux gardent quelque temps le silence, comme préoccupés
d'une idée grave.*

MAGUELONNE.

Ce jeune homme est charmant!

SALTABADIL.

Je crois bien.

Il met vingt écus d'or dans ma poche.

MAGUELONNE.

Combien?

SALTABADIL.

Vingt écus.

MAGUELONNE.

Il valait plus que cela.

SALTABADIL.

Poupée!
Va voir là-haut s'il dort. N'a-t-il pas une épée?
Descends-la.

Maguelonne obéit. L'orage est dans toute sa violence. On voit paraître, au fond du théâtre, Blanche, vêtue d'habits d'homme, habit de cheval, des bottes et des éperons, en noir; elle s'avance lentement vers la masure, tandis que Saltabadil boit et que Maguelonne, dans le grenier, considère avec sa lampe le roi endormi.

MAGUELONNE, *les larmes aux yeux.*
Quel dommage!

Elle prend l'épée.
Il dort. Pauvre garçon!

Elle redescend et rapporte l'épée à son frère.

SCÈNE V.

LE ROI, endormi dans le grenier, SALTABADIL et MAGUE-
LONNE dans la salle basse, BLANCHE dehors.

BLANCHE, *venant à pas lents dans l'ombre, à la lueur
des éclairs. Il tonne à chaque instant.*
Une chose terrible! — Ah! je perds la raison.
— Il doit passer la nuit dans cette maison même.
—Oh! je sens que je touche à quelque instant suprême.—
Mon père, pardonnez, vous n'êtes plus ici.
Je vous désobéis d'y revenir ainsi;
Mais je n'y puis tenir.—

S'approchant de la maison.
Qu'est-ce donc qu'on va faire?
Comment cela va-t-il finir? — Moi qui naguère,
Ignorant l'avenir, le monde et les douleurs,
Pauvre fille, vivais cachée avec des fleurs,
Me voir soudain jetée en des choses si sombres! —
Ma vertu, mon bonheur, hélas! tout est décombres!
Tout est deuil! — Dans les cœurs où ses flammes ont lui
L'amour ne laisse donc que ruine après lui?
De tout cet incendie il reste un peu de cendre.
Il ne m'aime donc plus! —

Relevant la tête.
Il me semblait entendre,
Tout à l'heure, à travers ma pensée, un grand bruit
Sur ma tête. Il tonnait, je crois. — L'affreuse nuit!
Il n'est rien qu'une femme au désespoir ne fasse.
Moi qui craignais mon ombre!

Apercevant la lumière de la maison.
Oh! qu'est-ce qui se passe?

Elle avance, puis recule.
Tandis que je suis là, Dieu! j'ai le cœur saisi!
Pourvu qu'on n'aille pas tuer quelqu'un ici!

Maguelonne et Saltabadil se remettent à causer dans la salle voisine.

SALTABADIL.
Quel temps!

MAGUELONNE.
Pluie et tonnerre.

SALTABADIL.
Oui, l'on fait à cette heure
Mauvais ménage au ciel; l'un gronde et l'autre pleure.

BLANCHE.
Si mon père savait à présent où je suis!

MAGUELONNE.
Mon frère!

BLANCHE, *tressaillant*
On a parlé, je crois.

Elle se dirige en tremblant vers la maison, et applique à la fente du mur ses yeux et ses oreilles.

MAGUELONNE.
Mon frère!

SALTABADIL.
Et puis?

MAGUELONNE.
Sais-tu, mon frère, à quoi je pense?

SALTABADIL.
Non.

MAGUELONNE.
Devine.

SALTABADIL.
Au diable!

MAGUELONNE.
Ce jeune homme est de fort bonne mine.
Grand, fier comme Apollo, beau, galant par-dessus.
Il m'aime fort. Il dort comme un enfant Jésus.
Ne le tuons pas.

BLANCHE, *qui entend et voit tout.*
Ciel!

SALTABADIL, *tirant d'un coffre un vieux sac de toile et un
pavé, et présentant le sac à Maguelonne d'un air impassible.*
Recouds-moi tout de suite
Ce vieux sac.

MAGUELONNE.
Pourquoi donc?

SALTABADIL.
Pour y mettre au plus vite,
Quand j'aurai dépêché là-haut ton Apollo,
Son cadavre et ce grès, et tout jeter à l'eau.

MAGUELONNE.
Mais...

SALTABADIL.
Ne te mêle pas de cela, Maguelonne.

MAGUELONNE.
Si...

SALTABADIL.
Si l'on t'écoutait, on ne tûrait personne.
Raccommode le sac.

BLANCHE.
Quel est ce couple-ci?
N'est-ce pas dans l'enfer que je regarde ainsi?

MAGUELONNE, *se mettant à raccommoder le sac.*
J'obéis.—Mais causons.

SALTABADIL.
Soit.

MAGUELONNE.
Tu n'as pas de haine
Contre ce cavalier?

SALTABADIL.
Moi! C'est un capitaine!
J'aime les gens d'épée, en étant moi-même un.

MAGUELONNE.
Tuer un beau garçon qui n'est pas du commun,
Pour un méchant bossu fait comme un S!

SALTABADIL.
En somme,
J'ai reçu d'un bossu pour tuer un bel homme,
Cela m'est fort égal, dix écus tout d'abord;
J'en aurai dix de plus en livrant l'homme mort.
Livrons. C'est clair.

MAGUELONNE.
Tu peux tuer le petit homme
Quand il va repasser avec toute la somme.
Cela revient au même.

BLANCHE.
O mon père!

MAGUELONNE.
Est-ce dit?

SALTABADIL, *regardant Maguelonne en face.*
Hein! pour qui me prends-tu, ma sœur? suis-je un bandit?
Suis-je un voleur? Tuer un client qui me paie!

MAGUELONNE, *lui montrant un fagot.*
Hé bien! mets dans le sac ce fagot de futaie.
Dans l'ombre, il le prendra pour son homme.

SALTABADIL.
C'est fort.
Comment veux-tu qu'on prenne un fagot pour un mort?
C'est immobile, sec, tout d'une pièce, roide,
Cela n'est pas vivant.

BLANCHE.
Que cette pluie est froide!

MAGUELONNE.
Grâce pour lui!

SALTABADIL.
Chansons!

MAGUELONNE.
Mon bon frère !

SALTABADIL.
Plus bas !
Il faut qu'il meure ! Allons, tais-toi.

MAGUELONNE.
Je ne veux pas !
Je l'éveille et le fais évader.

BLANCHE.
Bonne fille !

SALTABADIL.
Et les dix écus d'or ?

MAGUELONNE.
C'est vrai.

SALTABADIL.
Là, sois gentille,
Laisse-moi faire, enfant !

MAGUELONNE.
Non. Je veux le sauver !

Maguelonne se place d'un air déterminé devant l'escalier, pour
barrer le passage à son frère. Saltabadil, vaincu par sa résistance, revient sur le devant de la scène et paraît chercher
dans son esprit un moyen de tout concilier.

SALTABADIL.
Voyons. — L'autre à minuit viendra me retrouver.
Si d'ici là quelqu'un, un voyageur, n'importe,
Vient nous demander gîte et frappe à notre porte,
Je le prends, je le tue, et puis, au lieu du tien,
Je le mets dans le sac. L'autre n'y verra rien.
Il jouira toujours autant dans la nuit close,
Pourvu qu'il jette à l'eau quelqu'un ou quelque chose.
C'est tout ce que je puis faire pour toi.

MAGUELONNE.
Merci.
Mais qui diable veux-tu qui passe par ici ?

SALTABADIL.
Seul moyen de sauver ton homme.

MAGUELONNE.
A pareille heure !

BLANCHE.
O Dieu ! vous me tentez, vous voulez que je meure !
Faut-il que pour l'ingrat je franchisse ce pas ?
Oh ! non, je suis trop jeune ! — Oh ! ne me poussez pas,
Mon Dieu !

Il tonne.

MAGUELONNE.
S'il vient quelqu'un dans une nuit pareille,
Je m'engage à porter la mer dans ma corbeille.

SALTABADIL.
Si personne ne vient, ton beau jeune homme est mort.

BLANCHE, frissonnant.
Horreur ! — Si j'appelais le guet !... Mais non, tout dort.
D'ailleurs cet homme-là dénoncerait mon père.
Je ne veux pas mourir pourtant. J'ai mieux à faire,
J'ai mon père à soigner, à consoler ; et puis
Mourir avant seize ans, c'est affreux ! Je ne puis !
O Dieu ! sentir le fer entrer dans ma poitrine !
Ah !

Une horloge frappe un coup.

SALTABADIL.
Ma sœur, l'heure sonne à l'horloge voisine.

Deux autres coups.

C'est onze heures trois quarts. Personne avant minuit
Ne viendra. Tu n'entends au dehors aucun bruit ?
Il faut pourtant finir, je n'ai plus qu'un quart d'heure.
Il met le pied sur l'escalier. Maguelonne le retient en sanglotant

MAGUELONNE.
Mon frère, encore un peu !

BLANCHE.
Quoi ! cette femme pleure !
Et moi, je reste là, qui peux la secourir !
Puisqu'il ne m'aime plus, je n'ai plus qu'à mourir.
Hé bien ! mourons pour lui. —

Hésitant encore.

C'est égal, c'est horrible !

SALTABADIL, à Maguelonne.
Non, je ne puis attendre, enfin c'est impossible.

BLANCHE.
Encor si l'on savait comme ils vous frapperont !
Si l'on ne souffrait pas ! mais on vous frappe au front.
Au visage... O mon Dieu !

SALTABADIL, essayant toujours de se dégager de Mague-
lonne, qui l'arrête.
Que veux-tu que je fasse ?
Crois-tu pas que quelqu'un viendra prendre sa place ?

BLANCHE, grelottant sous la pluie.
Je suis glacée !

Se dirigeant vers la porte.
Allons !

S'arrêtant.
Mourir ayant si froid !

Elle se traîne en chancelant jusqu'à la porte et y frappe un
faible coup.

MAGUELONNE.
On frappe.

SALTABADIL.
C'est le vent qui fait craquer le toit.

Blanche frappe de nouveau.

MAGUELONNE.
On frappe.

Elle court ouvrir la lucarne et regarde au dehors.

SALTABADIL.
C'est étrange !

MAGUELONNE, à Blanche.
Holà ! qu'est-ce ?

A Saltabadil.
Un jeune homme.

BLANCHE.
Asile pour la nuit

SALTABADIL.
Il va faire un fier somme !

MAGUELONNE.
Oui, la nuit sera longue.

BLANCHE.
Ouvrez !

SALTABADIL, à Maguelonne.
Attends ! — Mordieu !
Donne-moi mon couteau, que je l'aiguise un peu.

Elle lui donne son couteau, qu'il aiguise au fer d'une faux.

BLANCHE.
Ciel ! j'entends le couteau qu'ils aiguisent ensemble !

MAGUELONNE.
Pauvre jeune homme ! il frappe à son tombeau.

BLANCHE.
Je tremble.

Quoi ! je vais donc mourir !

Tombant à genoux.
O Dieu, vers qui je vais,
Je pardonne à tous ceux qui m'ont été mauvais ;
Mon père, et vous, mon Dieu, pardonnez-leur de même,
Au roi François Premier, que je plains et que j'aime,
A tous, même au démon, même à ce réprouvé,
Qui m'attend là, dans l'ombre, avec un fer levé !
J'offre pour un ingrat ma vie en sacrifice.
S'il en est plus heureux, oh ! qu'il m'oublie ! — et puisse,
Dans sa prospérité que rien ne doit tarir,
Vivre longtemps celui pour qui je vais mourir !

Se levant.
— L'homme doit être prêt !

Elle va frapper de nouveau à la porte.

MAGUELONNE, à Saltabadil.
Hé ! dépêche, il se lasse.

SALTABADIL, essayant sa lame sur la table.
Bon. — Derrière la porte attends que je me place.

BLANCHE.
J'entends tout ce qu'il dit. Oh !

Saltabadil se place derrière la porte, de manière qu'en s'ouvrant

en dedans elle le cache à la personne qui entre sans le cacher
au spectateur.

MAGUELONNE, *à Saltabadil.*
J'attends le signal.
SALTABADIL, *derrière la porte, le couteau à la main.*
Ouvre.

MAGUELONNE, *ouvrant à Blanche.*
Entrez.

BLANCHE, *à part.*
Ciel! il va me faire bien du mal!
Elle recule.

MAGUELONNE.
Hé bien! qu'attendez-vous?

BLANCHE, *à part.*
La sœur aide le frère.
—O Dieu! pardonnez-leur!—Pardonnez-moi, mon père!
Elle entre. Au moment où elle paraît sur le seuil de la cabane,
on voit Saltabadil lever son poignard. La toile tombe.

V

TRIBOULET

ACTE CINQUIÈME

Même décoration; seulement, quand la toile se lève, la maison
de Saltabadil est complétement fermée aux regards : la devanture est garnie de ses volets. On n'y voit aucune lumière. Tout
est ténèbres.

SCÈNE PREMIÈRE.

TRIBOULET, *seul.*

Il s'avance lentement du fond du théâtre, enveloppé d'un manteau. L'orage a diminué de violence. La pluie a cessé. Il n'y a
que quelques éclairs et par moments un tonnerre lointain.

Je vais donc me venger! — Enfin! la chose est faite.
Voici bientôt un mois que j'attends, que je guette,
Resté bouffon, cachant mon trouble intérieur,
Pleurant des pleurs de sang sous mon masque rieur.
Examinant une porte basse dans la devanture de la maison.
Cette porte... — Oh! tenir et toucher sa vengeance!—
C'est bien par là qu'ils vont me l'apporter, je pense!·
Il n'est pas l'heure encor. Je reviens cependant.
Oui, je regarderai la porte en attendant.
Oui, c'est toujours cela. —
Il tonne.
Quel temps! nuit de mystère!
Une tempête au ciel! un meurtre sur la terre!
Que je suis grand ici! ma colère de feu
Va de pair cette nuit avec celle de Dieu.
Quel roi je tue! — un roi dont vingt autres dépendent,
Des mains de qui la paix ou la guerre s'épandent!
Il porte maintenant le poids du monde entier.
Quand il n'y sera plus, comme tout va plier!
Quand j'aurai retiré ce pivot, la secousse
Sera forte et terrible, et ma main qui la pousse
Ebranlera longtemps toute l'Europe en pleurs,
Contrainte de chercher son équilibre ailleurs! —
Songer que si demain Dieu disait à la terre :
— Ô terre, quel volcan vient d'ouvrir son cratère?
Qui donc émeut ainsi le chrétien, l'ottoman,
Clément Sept, Doria, Charles-Quint, Soliman?
Quel César, quel Jésus, quel guerrier, quel apôtre,
Jette les nations ainsi l'une sur l'autre?
Quel bras te fait trembler, terre, comme il lui plaît?

La terre, avec terreur, répondrait : Triboulet. —
Oh! jouis, vil bouffon, dans ta fierté profonde.
La vengeance d'un fou fait osciller le monde!
Au milieu des derniers bruits de l'orage, on entend sonner mi-
nuit à une horloge éloignée. Triboulet écoute.
Minuit!
Il court à la maison et frappe à la porte basse.

VOIX DE L'INTÉRIEUR.
Qui va là?

TRIBOULET.
Moi.

LA VOIX.
Bon.
Le panneau inférieur de la porte s'ouvre seul.

TRIBOULET.
Vite!

LA VOIX.
N'entrez pas.
Saltabadil sort en rampant par le panneau inférieur de la porte.
Il tire par une ouverture assez étroite quelque chose de pe-
sant, une espèce de paquet de forme oblongue, qu'on distingue
avec peine dans l'obscurité. Il n'a pas de lumière à la main, il
n'y en a pas dans la maison.

SCÈNE II.

TRIBOULET, SALTABADIL.

SALTABADIL.
Ouf! c'est lourd. Aidez-moi, monsieur, pour quelques pas.
Triboulet, agité d'une joie convulsive, l'aide à apporter sur le
devant de la scène un long sac de couleur brune, qui paraît
contenir un cadavre.
Votre homme est dans ce sac.

TRIBOULET.
Voyons-le! quelle joie!
Un flambeau!

SALTABADIL.
Pardieu non!

TRIBOULET.
Que crains-tu qui nous voie?

SALTABADIL.
Les archers de l'écuelle et les guetteurs de nuit.
Diable! pas de flambeau! c'est bien assez du bruit! —
L'argent!
TRIBOULET, *lui remettant une bourse.*
Tiens!
Examinant le sac étendu à terre pendant que l'autre compte.
Il est donc des bonheurs dans la haine!

SALTABADIL.
Vous aiderai-je un peu pour le jeter en Seine?

TRIBOULET.
J'y suffirai tout seul.

SALTABADIL, *insistant.*
A nous deux, c'est plus court.

TRIBOULET.
Un ennemi qu'on porte en terre n'est pas lourd.

SALTABADIL.
Vous voulez dire en Seine? Hé bien! maître, à votre aise!
Allant à un point du parapet.
Ne le jetez pas là. Cette place est mauvaise.
Lui montrant une brèche dans le parapet.
Ici, c'est très-profond. — Faites vite. — Bonsoir.
Il rentre et ferme la maison sur lui.

SCÈNE III.

TRIBOULET, *seul, l'œil fixé sur le sac.*

Il est là! —Mort! —Pourtant je voudrais bien le voir.
Tâtant le sac.
C'est égal, c'est bien lui. — Je le sens sous ce voile. —
Voici ses éperons qui traversent la toile.

'est bien lui.

Se redressant et mettant le pied sur le sac.

Maintenant, monde, regarde-moi.
Ceci c'est un bouffon, et ceci c'est un roi ! —
Et quel roi ! le premier de tous ! le roi suprême !
Le voilà sous mes pieds, je le tiens, c'est lui-même.
La Seine pour sépulcre, et ce sac pour linceul.
Qui donc a fait cela?

Croisant les bras.

Hé bien ! oui, c'est moi seul.
Non,. je ne reviens pas d'avoir eu la victoire,
Et les peuples demain refuseront d'y croire.
Que dira l'avenir? quel long étonnement,
Parmi les nations, d'un tel événement !
Sort, qui nous mets ici, comme tu nous en ôtes !
Une des majestés humaines les plus hautes,
Quoi, François de Valois, ce prince au cœur de feu,
Rival de Charles-Quint, un roi de France, un dieu,
— A l'éternité près, — un gagneur de batailles
Dont le pas ébranlait les bases des murailles,

Il tonne de temps en temps.

L'homme de Marignan, lui qui, toute une nuit,
Poussa des bataillons l'un sur l'autre à grand bruit,
Et qui, quand le jour vint, les mains de sang trempées,
N'avait plus qu'un tronçon de trois grandes épées,
Ce roi ! de l'univers par sa gloire étoilé,
Dieu ! comme il se sera brusquement en allé !
Emporté tout à coup, dans toute sa puissance,
Avec son nom, son bruit, et sa cour qui l'encense,
Emporté, comme on fait d'un enfant mal venu,
Une nuit qu'il tonnait, par quelqu'un d'inconnu !
Quoi ! cette cour, ce siècle et ce règne, fumée !
Ce roi qui se levait dans une aube enflammée,
Éteint, évanoui, dissipé dans les airs !
Apparu, disparu, — comme un de ces éclairs !
Et peut-être demain, des crieurs inutiles,
Montrant des tonnes d'or, s'en iront par les villes,
Et criront au passant, de surprise éperdu :
— A qui retrouvera François Premier perdu ! —
— C'est merveilleux !

Après un silence.

Ma fille, ô ma pauvre affligée,
Le voilà donc puni, te voilà donc vengée ! .
Oh ! que j'avais besoin de son sang ! un peu d'or,
Et je l'ai !

Se penchant avec rage sur le cadavre.

Scélérat ! peux-tu m'entendre encor?
Ma fille, qui vaut plus que ne vaut la couronne,
Ma fille, qui n'avait fait de mal à personne,
Tu me l'as enviée et prise ! tu me l'as
Rendue avec la honte, — et le malheur, hélas !
Hé bien ! dis, m'entends-tu ? maintenant, c'est étrange,
Oui, c'est moi qui suis là,. qui ris et qui me venge !
Parce que je feignais d'avoir tout oublié,
Tu t'étais endormi ! — Tu croyais donc, — pitié !
La colère d'un père aisément édentée ! —
Oh ! non, dans cette lutte entre nous suscitée,
Lutte du faible au fort, le faible est le vainqueur,
Lui qui léchait tes pieds, il te ronge le cœur !
Je te tiens.

Se penchant de plus en plus sur le sac.

M'entends-tu ? c'est moi, roi gentilhomme,
Moi, ce fou, ce bouffon, moi, cette moitié d'homme,
Cet animal douteux à qui tu disais : — Chien ! —

Il frappe le cadavre.

C'est que, quand la vengeance est en nous, vois-tu bien,
Dans le cœur le plus mort il n'est plus rien qui dorme,
Le plus chétif grandit, le plus vil se transforme,
L'esclave tire alors sa haine du fourreau,
Et le chat devient tigre, et le bouffon bourreau !

Se relevant à demi.

Oh ! que je voudrais bien qu'il pût m'entendre encore,
Sans pouvoir remuer ! —

Se penchant de nouveau.

M'entends-tu ? je t'abhorre !
Va voir au fond du fleuve, où tes jours sont finis,
Si quelque courant d'eau remonte à Saint-Denis !

Se relevant.

A l'eau François Premier !

Il prend le sac par un bout et le traîne au bord de l'eau. Au moment où il le dépose sur le parapet, la porte basse de la maison s'entr'ouvre avec précaution. Maguelonne en sort, regarde autour d'elle avec inquiétude, fait le geste de quelqu'un qui ne voit rien, rentre et reparaît un instant après avec le roi, auquel elle explique par signes qu'il n'y a plus personne là, et qu'il peut s'en aller. Elle rentre en refermant la porte, et le roi traverse le fond du théâtre dans la direction que lui a indiquée Maguelonne. C'est le moment où Triboulet se dispose à pousser le sac dans la Seine.

TRIBOULET, *la main sur le sac.*

Allons !

LE ROI, *chantant au fond du théâtre.*

Souvent femme varie,
Bien fol est qui s'y fie !

TRIBOULET, *tressaillant.*

Quelle voix ! quoi !
Illusions des nuits, vous jouez-vous de moi?

Il se retourne et prête l'oreille, effaré. Le roi a disparu; mais on l'entend chanter dans l'éloignement.

VOIX DU ROI.

Souvent femme varie,
Bien fol est qui s'y fie !

TRIBOULET.

O malédiction ! ce n'est pas lui que j'ai !
Ils le font évader, quelqu'un l'a protégé,
On m'a trompé ! —

Courant à la maison, dont la fenêtre supérieure est seule ouverte.

Bandit !

La mesurant des yeux, comme pour l'escalader.

C'est trop haut, la fenêtre !

Revenant au sac avec fureur.

Mais qui donc m'a-t-il mis à sa place, le traître?
Quel innocent ? — Je tremble...

Touchant le sac.

Oui, c'est un corps humain !

Il déchire le sac du haut en bas avec son poignard, et y regarde avec anxiété.

Je n'y vois pas ! — La nuit !

Se retournant, égaré.

Quoi ! rien dans le chemin !
Rien dans cette maison ! pas un flambeau qui brille !

S'accoudant avec désespoir sur le corps.

Attendons un éclair.

Il reste quelques instants l'œil fixé sur le sac entr'ouvert, dont il a tiré Blanche à demi.

SCÈNE IV.

TRIBOULET, BLANCHE.

TRIBOULET.

Un éclair passe; il se lève et recule avec un cri frénétique.

— Ma fille ! Ah ! Dieu ! ma fille !
Ma fille ! Terre et cieux ! c'est ma fille à présent !

Tâtant sa main.

Dieu ! ma main est mouillée ! à quoi donc est ce sang?
— Ma fille ! — Oh ! je m'y perds ! c'est un prodige horrible !
C'est une vision ! Oh ! non, c'est impossible,
Elle est partie, elle est en route pour Evreux,

Tombant à genoux près du corps, les yeux au ciel.

O mon Dieu ! n'est-ce pas que c'est un rêve affreux,
Que vous avez gardé ma fille sous votre aile,
Et que ce n'est pas elle, ô mon Dieu?

J.A. BEAUCÉ

BLANCHE, *à part.*
. . . . . La sœur aide le frère.
— O Dieu! pardonnez-leur! — Pardonnez-moi, mon père!
(Page 38.)

Un second éclair passe et jette une vive lumière sur le visage
pâle et les yeux fermés de Blanche.
                    Si! c'est elle!
C'est bien elle!

Se jetant sur le corps avec des sanglots.
                    Ma fille! enfant, réponds-moi, dis,
Ils t'ont assassinée! oh! réponds! oh! bandits!
Personne ici, grand Dieu! que l'horrible famille!
Parle-moi! parle-moi! ma fille! ô ciel! ma fille!

BLANCHE, *comme ranimée aux cris de son père, entr'ou-*
vrant la paupière et d'une voix éteinte.
Qui m'appelle?

            TRIBOULET, *éperdu.*
            · Elle parle! elle remue un peu!
Son cœur bat, son œil s'ouvre, elle est vivante, ô Dieu!

            BLANCHE.
Elle se relève à demi; elle est en chemise, et tout ensanglantée,
les cheveux épars. Le bas du corps, qui est resté vêtu, est
caché dans le sac.
Où suis-je?

TRIBOULET, *la soulevant dans ses bras.*
            Mon enfant, mon seul bien sur la terre,
Reconnais-tu ma voix? m'entends-tu, dis?
                    BLANCHE.
                            Mon père!...

                    TRIBOULET.
Blanche, que t'a-t-on fait? quel mystère infernal? —
Je crains en te touchant de te faire du mal.
Je n'y vois pas. Ma fille, as-tu quelque blessure?
Conduis ma main.

            BLANCHE, *d'une voix entrecoupée.*
                    Le fer a touché, — j'en suis sûre, —
— Le cœur, — je l'ai senti... —
                            TRIBOULET.
                            Ce coup, qui l'a frappé?
                    BLANCHE.
Ah! tout est de ma faute, — et je vous ai trompé. —
— Je l'aimais trop, — je meurs — pour lui.
                    TRIBOULET.
                            Sort implacable!
Prise dans ma vengeance! Oh! c'est Dieu qui m'accable!
Comment donc ont-ils fait? Ma fille, explique-toi.

Paris.—Imprimerie Bonaventure et Ducessois.

TRIBOULET.
. . . . Au secours ! quelqu'un ! personne ici !
Est-ce qu'on va laisser mourir ma fille ainsi ?

Dis!
BLANCHE, *mourante.*
Ne me faites pas parler.
TRIBOULET, *la couvrant de baisers.*
Pardonne-moi.
Mais, sans savoir comment, te perdre! Oh! ton front penche!
BLANCHE, *faisant un effort pour se retourner.*
Oh !... de l'autre côté !... J'étouffe!
TRIBOULET, *la soulevant avec angoisse.*
Blanche! Blanche!
Ne meurs pas!....
Se retournant, désespéré.
Au secours! quelqu'un! personne ici!
Est-ce qu'on va laisser mourir ma fille ainsi?
— Ah! la cloche du bac est là, sur la muraille.
Ma pauvre enfant, peux-tu m'attendre un peu que j'aille
Chercher de l'eau, sonner pour qu'on vienne? un instant!
Blanche fait signe que c'est inutile.
Non, tu ne le veux pas! — Il le faudrait pourtant!
Appelant sans la quitter.
Quelqu'un !

Silence partout. La maison demeure impassible dans l'ombre
Cette maison, grand Dieu, c'est une tombe!
Blanche agonise.
Oh ! ne meurs pas ! enfant, mon trésor, ma colombe,
Blanche! si tu t'en vas, moi, je n'aurai plus rien.
Ne meurs pas, je t'en prie!
BLANCHE.
Oh !
TRIBOULET.
Mon bras n'est pas bien,
N'est-ce pas, il te gêne ! — Attends, que je me place
Autrement. — Es-tu mieux comme cela ? — Par grâce,
Tâche de respirer jusqu'à ce que quelqu'un
Vienne nous assister ! — Aucun secours! aucun !
BLANCHE, *d'une voix éteinte et avec effort.*
Pardonnez-lui, mon père... Adieu !
Sa tête retombe.
TRIBOULET, *s'arrachant les cheveux.*
Blanche!... Elle expire !
Il court à la cloche du bac et la secoue avec fureur.
A l'aide! au meurtre! au feu!

6   6

Revenant à Blanche.

Tâche encor de me dire
Un mot ! un seulement ! parle-moi, par pitié !

Essayant de la relever.

Pourquoi veux-tu rester ainsi le corps plié ?
Seize ans ! non, c'est trop jeune ! oh ! non, tu n'as pas morte !
Blanche, as-tu pu quitter ton père de la sorte !
Est-ce qu'il ne doit plus t'entendre ? ô Dieu ! pourquoi ?

*Entrent des gens du peuple, accourant au bruit avec des
flambeaux.*

Le ciel fut sans pitié de te donner à moi !
Que ne t'a-t-il reprise au moins, ô pauvre femme,
Avant de me montrer la beauté de ton âme !
Pourquoi m'a-t-il laissé connaître mon trésor ?
Que n'es-tu morte, hélas ! toute petite encor,
Le jour où des enfants en jouant te blessèrent !
Mon enfant ! mon enfant !

SCÈNE V.

Les Mêmes, HOMMES, FEMMES du peuple.

UNE FEMME.

Ses paroles me serrent
Le cœur !

TRIBOULET, *se retournant.*

Ah ! vous voilà ! vous venez, maintenant !
Il est bien temps !

Prenant au collet un charretier, qui tient son fouet à la main.

As-tu des chevaux, toi, manant !
Une voiture ? dis !

LE CHARRETIER.

Oui. — Comme il me secoue !

TRIBOULET.

Oui ? Hé bien, prends ma tête, et mets-la sous ta roue !

Il revient se jeter sur le corps de Blanche.

Ma fille !

UN DES ASSISTANTS.

Quelque meurtre ! un père au désespoir !
Séparons-les.

Ils veulent entraîner Triboulet, qui se débat.

TRIBOULET.

Je veux rester ! je veux la voir !
Je ne vous ai point fait de mal pour me la prendre !
Je ne vous connais pas. — Voulez-vous bien m'entendre ?

A une femme.

Madame, vous pleurez ? vous êtes bonne, vous !
Dites-leur de ne pas m'emmener.

*La femme intercède pour lui. Il revient près de Blanche.
Tombant à genoux.*

A genoux !
A genoux, misérable, et meurs à côté d'elle !

LA FEMME.

Ah ! calmez-vous. Si c'est pour crier de plus belle,
On va vous remmener.

TRIBOULET, *égaré.*

Non, non, laissez ! —

Saisissant Blanche dans ses bras.

Je crois
Qu'elle respire encore ! elle a besoin de moi !
Allez vite chercher du secours à la ville.
Laissez-la dans mes bras, je serai bien tranquille.

*Il la prend tout à fait sur lui, et l'arrange comme une mère
son enfant endormi.*

Non, elle n'est pas morte ! Oh ! Dieu ne voudrait pas ;
Car enfin, il le sait, je n'ai qu'elle ici-bas..
Tout le monde vous hait quand vous êtes difforme ;
On vous fuit, de vos maux personne ne s'informe ;
Elle m'aime, elle ! — elle est ma joie et mon appui.
Quand on rit de son père, elle pleure avec lui.
Si belle et morte ! oh ! non. — Donnez-moi quelque chose
Pour essuyer son front.

Il lui essuie le front.

Sa lèvre est encor rose.
Oh ! si vous l'aviez vue ! oh ! je la vois encor
Quand elle avait deux ans avec ses cheveux d'or !
Elle était blonde alors. —

La serrant sur son cœur avec emportement.

O ma pauvre opprimée !
Ma Blanche ! mon bonheur ! ma fille bien-aimée !
Lorsqu'elle était enfant, je la tenais ainsi.
Elle dormait sur moi tout comme la voici !
Quand elle s'éveillait, si vous saviez quel ange !
Je ne lui semblais pas quelque chose d'étrange !
Elle me souriait avec ses yeux divins,
Et moi je lui baisais ses deux petites mains !
Pauvre agneau ! — Morte ! oh ! non, elle dort et repose.
Tout à l'heure, messieurs, c'était bien autre chose.
Elle s'est cependant réveillée. — Oh ! j'attend.
Vous l'allez voir rouvrir ses yeux dans un instant !
Vous voyez maintenant, messieurs, que je raisonne ;
Je suis tranquille et doux, je n'offense personne :
Puisque je ne fais rien de ce qu'on me défend,
On peut bien me laisser regarder mon enfant.

Il la contemple.

Pas une ride au front ! pas de douleurs anciennes ! —
J'ai déjà réchauffé ses mains entre les miennes ;
Voyez, touchez-les donc un peu !

Entre un médecin.

LA FEMME, *à Triboulet.*

Le chirurgien.

TRIBOULET, *au chirurgien qui s'approche.*

Tenez, regardez-la, je n'empêcherai rien.
Elle est évanouie, est-ce pas ?

LE CHIRURGIEN, *examinant Blanche.*

Elle est morte.

Triboulet se lève debout d'un mouvement convulsif.

Elle a dans le flanc gauche une plaie assez forte.
Le sang a dû causer la mort en l'étouffant.

TRIBOULET.

J'ai tué mon enfant ! j'ai tué mon enfant !

Il tombe sur le pavé.

FIN DU ROI S'AMUSE.

NOTE

Nous avons cru devoir joindre à cette édition le détail du procès dont *le Roi s'amuse* a été l'occasion. Ce détail est emprunté à un journal qui, soutenant à cette époque le pouvoir, ne saurait être suspect de partialité en faveur de l'auteur.

TRIBUNAL DE COMMERCE.

PROCÈS DE MONSIEUR VICTOR HUGO CONTRE LE THÉÂTRE-FRANÇAIS, ET ACTION EN GARANTIE DU THÉÂTRE-FRANÇAIS CONTRE LE MINISTRE DES TRAVAUX PUBLICS.

Le drame *le Roi s'amuse* n'avait peut-être point, proportion gardée, attiré autant de foule à la Comédie-Française que le procès auquel il a donné lieu en a amené aujourd'hui à l'audience de la juridiction consulaire.

Ici, comme dans la rue Richelieu, les spectateurs se séparaient en plusieurs classes distinctes. Dans l'enceinte du parquet, des personnes choisies et des dames brillantes de parure; dans le barreau réservé aux agréés, des jurisconsultes, parmi lesquels s'étaient confondus messieurs de Bryas et de Brigode, députés; enfin, dans la partie la plus reculée où les spectateurs sont debout, et que l'on peut comparer au parterre de nos théâtres, on voyait se presser un auditoire plus impatient, et qui, longtemps avant l'ouverture des portes, dès neuf heures du matin, faisait queue dans les vastes galeries du palais de la Bourse. Derrière ces spectateurs, était encore un autre public d'une mise plus modeste, et d'autant plus bruyant qu'il se voyait relégué aux dernières places.

A midi, les portes ayant été ouvertes à ces deux dernières parties du public, tout ce qui restait vide dans l'auditoire a été envahi, et la salle même des Pas-Perdus, espèce de vestibule séparé de l'auditoire proprement dit par des portes vitrées, a été encombrée d'une multitude de curieux.

Quelques-uns des spectateurs semblaient surpris de ne point voir le tribunal, les parties et leurs conseils, aussi ponctuels qu'eux-mêmes, et ils réclamaient le commencement de ce qui semblait être pour eux un spectacle.

Lorsqu'on a vu arriver et se placer aux bancs de la gauche monsieur Victor Hugo et ses conseils, beaucoup d'individus sont montés sur les banquettes, les autres leur ont crié de s'asseoir, et monsieur Victor Hugo a été vivement applaudi. Le tribunal, présidé par monsieur Aubé, prend enfin séance, et le silence ne se rétablit pas sans peine. Les cris : *A la porte!* s'élèvent contre ceux qui, n'ayant pu trouver place, occasionnaient quelque tumulte. C'est au milieu de cette agitation qu'on fait l'appel des deux causes : 1° La demande formée par monsieur Hugo contre le Théâtre-Français; 2° L'action récursoire des comédiens contre monsieur le ministre du commerce et des travaux publics.

Mᵉ CHAIX-D'EST-ANGE, avocat de monsieur le ministre, prend des conclusions tendant à ce que le tribunal se déclare incompétent, attendu que la question de la légalité ou de l'illégalité d'un acte administratif, aux termes de la loi du 24 août 1791, défend aux tribunaux de connaître des actes administratifs et de s'immiscer dans les affaires d'administration. Le texte de la loi, dit Mᵉ Chaix-d'Est-Ange, est tellement formel, que l'incompétence ne me paraît pas souffrir la moindre difficulté; j'attendrai au surplus les objections pour y répondre.

Mᵉ ODILON BARROT, avocat de monsieur Victor Hugo, prend les conclusions suivantes : « Attendu que, par convention verbale du 22 août dernier, entre monsieur Victor Hugo et la Comédie-Française, représentée par monsieur Desmousseaux, l'un de messieurs les sociétaires du Théâtre-Français, dûment autorisé, l'administration s'est obligée à jouer la pièce *le Roi s'amuse*, drame en cinq actes et en vers, aux conditions stipulées; que la première représentation a eu lieu le 22 novembre dernier; que, le lendemain, l'auteur a été prévenu *officieusement* que les représentations de sa pièce étaient suspendues *par ordre*; que, de fait, l'annonce de la seconde représentation, indiquée au samedi 24 novembre suivant, a disparu de l'affiche du Théâtre-Français pour n'y plus reparaître; que les conventions font la loi des parties; que rien ne peut ici les faire changer dans leur exécution. Plaira au tribunal condamner par toutes les voies de droit, *même par corps*, les Sociétaires du Théâtre-Français à jouer la pièce dont il s'agit, sinon à payer par corps 25,000 francs de dommages et intérêts, et, dans le cas où ils consentiraient à jouer la pièce, les condamner, pour le dommage passé, à telle somme qu'il plaira au tribunal arbitrer. »

Messieurs, dit le défenseur, la célébrité de mon client me dispense de vous le faire connaître. Sa mission, celle qu'il a reçue de son talent et de son génie, était de rappeler notre littérature à la vérité, non à cette vérité de convention et d'artifice, mais à cette vérité qui se puise dans la réalité de notre nature, de nos mœurs, de nos habitudes. Cette mission, il l'a entreprise avec courage, il la poursuit avec persévérance et talent. Il a soulevé bien des orages, et le public, ce tribunal souverain lequel il est traduit, semble avoir consacré ses efforts par maints et maints suffrages. Comment se fait-il aujourd'hui qu'il soit assis sur ces bancs, devant un tribunal, ayant pour appui, non le prestige de son talent, mais mon sévère ministère et la présence de jurisconsultes qui n'ont rien de littéraire ni de poétique? C'est que monsieur Victor Hugo n'est pas seulement poète, il est citoyen; il sait qu'il est des droits qu'on peut abandonner quand on n'apporte préjudice qu'à soi-même; mais il en est d'autres qu'on doit défendre par tous les moyens possibles, parce qu'on ne peut pas abandonner son droit propre sans livrer le droit d'autrui, le droit de la liberté de la pensée, de la liberté des représentations théâtrales. La résistance à la censure, à des actes arbitraires, ce sont là des droits de garantie que l'on ne peut pas déserter lorsqu'on a la conscience de ces droits et de ces garanties.

et lorsqu'on sait ce qu'est le devoir d'un citoyen. C'est ce devoir que monsieur Victor Hugo vient remplir devant vous; et bien qu'on ait reproché, quelquefois avec justice, à la république des lettres de livrer trop aisément ses franchises et ses priviléges au pouvoir, l'illustre poëte a l'avantage d'avoir déjà donné de nobles et. d'éclatants démentis à ce reproche. Monsieur Victor Hugo a depuis longtemps fait ses preuves; déjà sous la Restauration il a refusé de fléchir devant l'arbitraire de la censure. Ni les décorations, ni les pensions, ni les faveurs de toute espèce n'ont pu dominer en lui le sentiment de son droit, la conscience de son devoir. Nous l'admirions, et alors nous l'entourions de nos témoignages de sympathie, de nos manifestations publiques d'admiration. Eh bien! serait-il accueilli avec d'autres sentiments aujourd'hui qu'il vient d'accomplir ce même devoir, aujourd'hui que, dans des circonstances bien plus favorables, lorsqu'une révolution semble avoir aboli toute censure, lorsqu'au frontispice de notre Charte sont écrits ces mots : *La censure est abolie*, il vient réclamer, non un droit douteux, incertain, mais un droit consacré par notre révolution, consacré par la Charte constitutionnelle, qui a été le fruit, la conquête de cette révolution?

Non, messieurs, je ne crains pas que le sentiment de faveur qui jusqu'ici a accompagné monsieur Victor Hugo l'abandonne aujourd'hui; ses sentiments sont restés les mêmes; ils ont peut-être acquis un nouveau caractère d'énergie par les circonstances qui se sont passées depuis. Je n'oublierai jamais, la France n'oubliera pas non plus que c'est dans cette enceinte même, le 28 juillet 1830, qu'a été donné le premier, le plus solennel exemple de résistance à l'arbitraire : c'est le jugement mémorable qui a condamné l'imprimeur Chantpie à exécuter ses engagements en imprimant le *Journal du Commerce*, malgré les ordonnances du 25 juillet. Je prévois, ajoute-t-il, que l'on m'objectera un autre jugement rendu par vous en 1831, à l'occasion de l'interdiction qui fut faite par l'autorité au théâtre des Nouveautés de jouer la pièce intitulée : *Procès d'un Maréchal de France*. Les auteurs, messieurs Fontan et Dupeuty, perdirent leur cause; mais l'espèce était bien différente. Votre jugement constate que le directeur du théâtre des Nouveautés avait fait tout ce qui était en lui pour continuer de jouer la pièce; il n'avait cédé qu'à la force majeure, et même à l'emploi de la force armée; son théâtre avait été cerné par des gendarmes et fermé pendant plusieurs jours. Il ne se rencontre rien de semblable dans le procès actuel. Le lendemain de la première représentation, on écrit vaguement à monsieur Victor Hugo qu'il existe un ordre qui défend sa pièce. Cet ordre n'est pas produit, nous ne le connaissons pas; nous devrions d'abord savoir si en effet il existe, et ensuite quelle en est la nature.

Mᵉ LÉON DUVAL, avocat de la Comédie-Française, interrompt Mᵉ Odilon-Barrot : Les relations de monsieur Victor Hugo avec le Théâtre-Français ne sont pas, dit-il, tellement rares, qu'il ne puisse connaître l'ordre intimé par le ministre. Au surplus, voici cet ordre :

« Le ministre secrétaire d'État au département du commerce et des travaux publics, vu l'article 14 du décret du 9 juin 1806, considérant que, dans des passages nombreux du drame représenté au Théâtre-Français le 22 novembre 1832, et intitulé *le Roi s'amuse*, les mœurs sont outragées (violents murmures et rires ironiques au fond de la salle), nous avons arrêté et arrêtons : Les représentations du drame intitulé *le Roi s'amuse* sont désormais *interdites*.

« Fait à Paris, le 10 décembre 1832.

« *Signé* : comte D'ARGOUT. »

Les clameurs redoublent au fond de la salle, on entend même quelques sifflets.

Mᵉ ODILON BARROT : Je suis bien aise d'avoir provoqué cette explication; nous avons au moins désormais une base certaine sur laquelle la discussion peut porter. Messieurs. je crois qu'il y a ici une étrange confusion, et que monsieur d'Argout s'est complétement trompé sur la na-

ture de ses pouvoirs. Trois espèces d'influence ou d'autorité peuvent s'exercer sur les théâtres.

Ici le tumulte devient tel, dans le vestibule qui précède la salle d'audience, qu'il est impossible de saisir les paroles de l'avocat.

Mᵉ CHAIX-D'EST-ANGE : Je prie le tribunal de prendre des mesures pour faire cesser ce bruit, qui m'empêche de suivre les raisonnements de mon adversaire, et doit lui nuire à lui-même.

M. LE PRÉSIDENT : Si le calme ne se rétablit pas, on sera obligé de faire évacuer une partie de l'auditoire.

Mᵉ ODILON BARROT (se tournant vers la foule) : Il est difficile de continuer une discussion qui a nécessairement de la sécheresse et de l'aridité, au milieu de cette agitation continuelle. Je prie le public de vouloir bien écouter, au moins avec résignation, les déductions légales que j'ai à faire dériver de la législation existante.

M. LE PRÉSIDENT : Que l'on ferme les portes !

Voix de l'intérieur : Nous étoufferons.

Autres voix : Il vaudrait mieux ouvrir les fenêtres, on étouffe.

Mᵉ ODILON BARROT : La première influence est celle de la police municipale. Si l'ordre est troublé par la représentation d'une pièce, si l'on craint pour les représentations suivantes le renouvellement de pareils désordres, je conçois que l'autorité intervienne et prenne des mesures pour faire cesser la cause du trouble. La seconde influence est celle de la censure dictatoriale qui s'exerçait sous la Convention et sous l'Empire, et qui existait encore sous la Restauration. La troisième est l'influence de protection et de subvention : l'autorité qui subventionne un théâtre peut lui intimer, sous peine de perdre ses bienfaits, de ne plus jouer telle ou telle pièce. Nous ne sommes dans aucun de ces cas ; nous n'avons point vu, par une anomalie que sans doute la loi sur l'organisation municipale de Paris fera cesser bientôt, nous n'avons pas vu le préfet de police et les commissaires de police exerçant le pouvoir municipal mettre un terme aux représentations du drame. Ce n'est pas non plus le ministre de la police qui a usé des droits de censure, c'est le ministre des travaux publics qui a empiété sur les pouvoirs de son collègue. Ainsi ce pauvre ministère de l'intérieur (rires ironiques dans la même partie de la salle d'où vient tout le bruit), ce ministère de l'intérieur, déjà si mutilé, qui fait incessamment des efforts pour couvrir sa nudité et ressaisir quelques-unes des attributions qui lui ont échappé, se voit dépouillé par le ministre des travaux publics de son droit de police sur les théâtres. Le ministre des travaux publics n'a pu intervenir que d'une seule manière et en menaçant la Comédie-Française de lui retirer la subvention que la loi du budget accorde aux théâtres royaux. Cette considération ne saurait intéresser l'auteur, ni influer sur la décision du tribunal. Le théâtre doit exécuter ses engagements, dût-il perdre sa subvention. En passant le contrat, il a dû calculer toutes les chances. Serait-on admis à refuser l'exécution d'un engagement vis-à-vis d'un tiers, sous prétexte que cette convention déplaît à un bienfaiteur, à un parent dont on attend un legs ou dont on peut craindre l'exhérédation? Je ne professe point la liberté absolue du théâtre; ce n'est point ici le lieu de nous livrer à des théories absolues, surtout lorsqu'elles ne sont pas nécessaires ; mais, enfin, la censure dramatique, comme toute autre censure, est abolie par la Charte de 1830. Un article formel dit que *la censure ne pourra être rétablie*. Aussi, vers la fin de 1830, monsieur de Montalivet, alors ministre de l'intérieur, présentant sur la police des théâtres un projet auquel il n'a pas été donné suite, disait dans l'exposé des motifs : *La censure est morte!* Mais ce qu'on voudrait rétablir, ce ne serait point la censure préventive, ce serait une censure bien autrement dangereuse, la censure à *posteriori*. On laisserait une administration théâtrale faire des frais énormes de décoration et de costumes, on laisserait jouer la première représentation, et tout d'un coup la pièce serait arbitrairement interdite. Voilà une mesure à laquelle la Comédie-Française aurait dû elle-même ne pas obéir avec tant de docilité. Nous ne saurions trop nous étonner de voir qu'elle n'a pas attendu, le 24 novembre, l'ordre qui a été signé que le 10 décembre suivant; elle s'est contentée d'une simple intimation verbale, peut-être de quelques mots échappés dans la conversation du ministre. Elle doit donc supporter la peine de l'inexécution de ses engagements vis-à-vis de nous, et cette infraction ne peut se résoudre qu'en des dommages et intérêts. Nous vivons, messieurs, à une singulière époque, à une époque de transition et de confusion, car nous vivons sous l'empire de quatre à cinq législations successives, qui se croisent et se contredisent les unes les autres. Il n'y a que les tribunaux qui puissent, dans cet arsenal de lois, dégager les armes qui peuvent encore servir de celles dont l'usage n'est plus permis. Vous vous attacherez à la lettre de la Charte, qui proscrit toute espèce de censure, la censure dramatique comme la censure des ouvrages imprimés, et, en rendant justice à mon client, vous aurez servi les intérêts de la liberté.

M. LE PRÉSIDENT : L'avocat du Théâtre-Français a la parole.

M. VICTOR HUGO : Je demanderai à monsieur le président la permission de prendre ensuite la parole.

M. LE PRÉSIDENT : Vous l'avez en ce moment.

M. VICTOR HUGO : Je préférerais parler après mes deux adversaires.

Mᵉ LÉON DUVAL prend et développe, au nom du Théâtre-Français, des conclusions tendant à faire déclarer l'incompétence du tribunal de commerce. La Comédie-Française n'aurait pas demandé mieux que de continuer les représentations d'un ouvrage qui lui promettait d'abondantes recettes; elle aurait désiré appeler des orages du premier jour à de nouveaux orages; mais elle a dû céder à une nécessité impérieuse.

Le tumulte devient si violent qu'il est impossible de continuer les plaidoiries. On crie de toutes parts : On étouffe! Ouvrez les fenêtres! Donnez-nous de l'air! Il faut faire évacuer la première pièce! Plusieurs dames effrayées se retirent de l'enceinte.

M. LE PRÉSIDENT : On n'entend déjà pas trop; si l'on ouvre les fenêtres, on n'entendra plus les défenseurs.

Une foule de voix : Nous ne pouvons ni sortir ni respirer, nous étouffons.

M. LE PRÉSIDENT : L'audience va être suspendue; on ouvrira les fenêtres, et l'on fera évacuer la première pièce. (Applaudissements dans la partie la plus rapprochée du tribunal; murmures dans le vestibule.)

Le tumulte est à son comble; un piquet de gardes nationaux pénètre dans l'enceinte; le plus grand nombre l'applaudit, surtout quand on s'aperçoit que les soldats citoyens ont pris soin de retirer leurs baïonnettes du canon de leurs fusils. La force armée dissipe la foule qui se trouvait dans le premier vestibule. Quelques spectateurs, en se retirant, fredonnent la *Marseillaise*. Messieurs les agents de change et les négociants qui étaient en ce moment occupés d'affaires de bourse au rez-de-chaussée ont pu croire qu'ils étaient cernés par une émeute. Enfin on ferme les portes vitrées, ainsi que les portes extérieures, pour ne laisser entrer personne, et l'audience est reprise à deux heures et demie.

M. LE PRÉSIDENT : Le tribunal a fait tout ce qui dépendait de lui pour que le public fût à son aise; si ce bruit se renouvelle, l'audience sera levée et la cause remise à un autre jour.

Mᵉ LÉON DUVAL achève son plaidoyer. Il démontre que la Comédie-Française a cédé à la force majeure, et que, ne se fût-il agi que de la subvention, elle ne devait pas s'engager dans une lutte où elle aurait inévitablement succombé.

M. VICTOR HUGO, à qui monsieur le président accorde la parole, annonce qu'il désire parler le dernier.

Mᵉ CHAIX-D'EST-ANGE : Il serait plus logique de plaider en ce moment; je répondrais à tous mes adversaires. Sans quoi, je serai obligé de demander une réplique.

M. VICTOR HUGO : Je suis prêt à plaider.—Messieurs, après l'avocat célèbre qui me prête si généreusement l'assistance puissante de sa parole, je n'aurais rien à dire si je ne

croyais de mon devoir de ne pas laisser passer sans une protestation solennelle et sévère l'acte hardi et coupable qui a violé tout notre droit public dans ma personne.

Cette cause, messieurs, n'est pas une cause ordinaire : il semble à quelques personnes, au premier aspect, que ce n'est qu'une simple action commerciale, qu'une réclamation d'indemnités pour la non-exécution d'un contrat privé, en un mot, que le procès d'un auteur à un théâtre. Non, messieurs, c'est plus que cela; c'est le procès d'un citoyen à un gouvernement. Au fond de cette affaire, il y a une pièce défendue par ordre. Or, une pièce défendue par ordre, c'est la censure, et la Charte abolit la censure; une pièce défendue par ordre, c'est la confiscation, et la Charte abolit la confiscation. Votre jugement, s'il m'est favorable, et il me semble que je vous ferais injure d'en douter, sera un blâme manifeste, quoique indirect, de la confiscation et de la censure. Vous voyez, messieurs, combien l'horizon de la cause s'élève et s'élargit. Je plaide ici pour quelque chose de plus haut que mon intérêt propre; je plaide pour mes droits les plus généraux, pour mon droit de posséder et pour mon droit de penser, c'est-à-dire pour le droit de tous; c'est une cause générale que la mienne, comme c'est une équité absolue que la vôtre. Les petits détails du procès s'effacent devant la question ainsi posée; je ne suis plus simplement un écrivain, vous n'êtes plus simplement des juges consulaires; votre conscience est face à face avec la mienne; sur ce tribunal vous représentez une idée auguste, et moi, à cette barre, j'en représente une autre; sur votre siège il y a la justice, sur le mien il y a la liberté. (Applaudissements dans l'auditoire.)

M. LE PRÉSIDENT : Je rappelle au public que toutes marques d'approbation ou d'improbation sont interdites.

M. VICTOR HUGO s'élève contre les décrets dictatoriaux qui, nés sous divers régimes établis contre la liberté, sont morts avec ces régimes. La liberté pour la chaire, la presse et le théâtre, telle est désormais la base principale de notre droit public. Sans doute s'il se présentait une de ces cas où l'on ferait évidemment trafic et marchandise du désordre, il faudrait punir de pareils excès, mais il faudrait les réprimer, et ne point user de mesures préventives.

Un passage de la préface dont monsieur Victor Hugo donne lecture, lui fournit l'occasion de dire que sa pièce s'élève aux plus hautes moralités : quant à l'allusion qu'on a cru y découvrir contre le père du roi Louis-Philippe, ce serait la plus ignoble et la plus cruelle des injures. Il n'appartenait qu'à une étourderie de courtisans de relever un pareil vers, et cette étourderie est une insolence, non-seulement pour le roi, mais pour le poëte.

Messieurs, je me résume. En arrêtant ma pièce, le ministère n'a, d'une part, pas un texte de loi valide à citer; d'autre part, pas une raison valable à donner. Cette mesure a deux aspects également mauvais : selon la loi, elle est arbitraire; selon le raisonnement, elle est absurde. Que peut-il donc alléguer dans cette affaire, ce pouvoir qui n'a pour lui ni la raison, ni le droit? Son caprice, sa fantaisie, sa volonté, c'est-à-dire rien.

Vous ferez justice, messieurs, de cette volonté, de cette fantaisie, de ce caprice. Votre jugement, en me donnant gain de cause, apprendra au pays, dans cette affaire, qui est petite, comme dans celle des ordonnances de Juillet, qui était grande, qu'il n'y a en France d'autre *force majeure* que celle de la loi, et qu'il y a au fond de ce procès un ordre illégal que le ministre a eu tort de donner et que le théâtre a eu tort d'exécuter.

Votre jugement apprendra au pouvoir que ses amis eux-mêmes le blâment loyalement en cette occasion; que le droit de tout citoyen est sacré pour tout ministre, qu'une fois les conditions d'ordre et de sûreté générale remplies, le théâtre doit être respecté comme une des voix avec lesquelles parle la pensée publique; et, qu'enfin, que ce soit la presse, la tribune, ou le théâtre, aucun des soupiraux par où s'échappe la liberté de l'intelligence ne peut être fermé sans péril. Je ne craindrai jamais, dans de pareilles occasions, de prendre un ministère corps à corps; et les tribunaux sont les juges naturels de ces honorables duels du bon droit contre l'arbitraire, duels moins inégaux qu'on ne pense, car il y a d'un côté tout un gouvernement, et de l'autre rien qu'un simple citoyen. Le simple citoyen est fort quand il peut traîner à votre barre un acte illégal, tout honteux d'être ainsi exposé au grand jour, et le souffleter publiquement devant vous, comme je le fais, avec quatre articles de la Charte.

Je ne dissimule pas que l'heure où nous sommes ne ressemble plus à ces dernières de la Restauration, où les résistances aux empiétements du gouvernement étaient si applaudies, si encouragées, si populaires. Les idées d'ordre et de pouvoir ont momentanément plus de faveur que les idées de progrès et d'affranchissement; c'est une réaction naturelle après cette brusque reprise de toutes nos libertés au pas de course, qu'on a appelée la Révolution de 1830. Mais cette réaction durera peu. Nos ministres seront étonnés un jour de la mémoire implacable avec laquelle les hommes mêmes qui composent à cette heure leur majorité leur rappelleront tous les griefs qu'on a l'air d'oublier si vite aujourd'hui. Dans cette circonstance, je ne cherche pas plus l'applaudissement que je ne crains l'invective, je n'ai suivi que le conseil austère de mon devoir.

Je dois le dire : j'ai de fortes raisons de croire que le gouvernement profitera de cet engourdissement passager de l'esprit public pour rétablir formellement la censure, et que mon affaire n'est autre chose qu'un prélude, qu'une préparation, qu'un acheminement à une mise hors la loi générale de toutes les libertés du théâtre. En ne faisant pas de loi répressive, en laissant exprès déborder depuis deux ans la licence sur la scène, le gouvernement s'imagine avoir créé, dans l'opinion des hommes honnêtes, que cette licence peut révolter, un préjugé favorable à la censure dramatique. Mon avis est qu'il se trompe, et que jamais la censure ne sera en France autre chose que l'illégalité impopulaire. Quant à moi, que la censure des théâtres soit rétablie par une ordonnance qui serait illégale, ou par une loi qui serait inconstitutionnelle, je déclare que je ne m'y soumettrai jamais que comme on se soumet à un pouvoir de fait, en protestant. Et cette protestation, messieurs, je la fais ici solennellement et pour le présent et pour l'avenir.

Et observez d'ailleurs comme, dans cette série d'actes arbitraires qui se succèdent depuis quelque temps, le gouvernement manque de grandeur, de franchise et de courage. Cet édifice, beau quoique incomplet, qu'avait improvisé la Révolution de Juillet, il le mine lentement, souterrainement, sourdement, obliquement, tortueusement; il nous prend toujours par derrière, au moment où on ne s'y attend pas. Il n'ose pas censurer ma pièce avant la représentation, il l'arrête le lendemain. Il nous conteste nos franchises les plus essentielles; il nous chicane nos facultés les mieux acquises; il échafaude son arbitraire sur un tas de vieilles lois vermoulues et abrogées; il s'embusque, pour nous dérober nos droits, dans cette forêt de Bondy des décrets impériaux, à travers laquelle la liberté ne peut jamais passer sans être dévalisée.

Je dois vous faire remarquer ici en passant, messieurs, que je n'entends franchir, dans mon langage, aucune des convenances parlementaires. Il importe à ma loyauté qu'on sache bien quelle est la portée de mes paroles quand j'attaque le gouvernement, quand un membre actuel a dit : *Le roi règne et ne gouverne pas.* Il n'y a pas d'arrière-pensée dans ma polémique. Le jour où je croirai devoir me plaindre d'une personne couronnée, je lui adresserai ma plainte à elle-même; je la regarderai en face et je lui dirai : Sire. En attendant, c'est à ses conseillers que j'en veux; c'est sur ses ministres seulement que tombent mes paroles, quoique cela puisse sembler étrange dans un temps où les ministres sont inviolables et les rois responsables.

Je reprends, et je dis que le gouvernement nous retire petit à petit tout ce que nos quarante ans de révolution nous avaient acquis de droits et de franchises. Je dis que c'est à la probité des tribunaux de l'arrêter dans cette voie fatale pour lui comme pour nous. Je dis que le pouvoir actuel manque particulièrement de grandeur et de courage dans la manière mesquine dont il fait cette opération hasardeuse que chaque gouvernement, par un aveuglement

singulier, tente à son tour, et qui consiste à substituer plus ou moins rapidement l'arbitraire à la constitution, le despotisme à la liberté. Bonaparte, quand il fut consul et quand il fut empereur, voulut aussi le despotisme; mais il fit autrement : il y entra de front et de plain-pied. Il n'employa aucune de ces misérables petites précautions avec lesquelles on escamote aujourd'hui toutes nos libertés, les aînées comme les cadettes, celles de 1830 comme celles de 1789. Napoléon ne fut ni sournois, ni hypocrite, Napoléon ne nous filouta point nos droits l'un après l'autre, à la faveur de notre assoupissement, comme l'on fait maintenant; Napoléon prit tout à la fois, d'un seul coup et d'une seule main. Le lion n'a pas les mœurs du renard.

Alors, messieurs, c'était grand. L'Empire, comme gouvernement et comme administration, fut assurément une époque intolérable de tyrannie; mais souvenons-nous que notre liberté fut largement payée en gloire. La France d'alors avait, chose extraordinaire, une attitude tout à la fois soumise et superbe. Ce n'était pas la France comme nous la voulons, la France libre, la France souveraine d'elle-même; c'était la France esclave d'un homme et reine du monde. Alors on nous prenait notre liberté, c'est vrai, mais on nous donnait un bien sublime spectacle. On disait : Tel jour, à telle heure, j'entrerai dans telle capitale; et on y entrait au jour dit et à l'heure dite. On détrônait une dynastie avec un décret du *Moniteur*. On faisait se coudoyer toutes sortes de rois dans ses antichambres. Si l'on avait la fantaisie d'une colonne, on en faisait fournir le bronze par l'empereur d'Autriche. On réglait, un peu arbitrairement, je l'avoue, le sort des comédiens français, mais on datait le règlement de Moscou. On nous prenait toutes nos libertés, dis-je, on avait un bureau de censure, on mettait nos livres au pilon, on rayait nos pièces de l'affiche; mais à toutes nos plaintes on pouvait faire, d'un seul mot, des réponses magnifiques; on pouvait nous répondre : Marengo! Iéna! Austerlitz!!! — Alors, je le répète, c'était grand; aujourd'hui c'est petit. Nous marchons à l'arbitraire comme alors, mais nous ne sommes pas des colosses. Notre gouvernement n'est pas de ceux qui peuvent consoler une grande nation de la perte de sa liberté. En fait d'art, nous déformons les Tuileries; en fait de gloire, nous laissons périr la Pologne. Cela n'empêche pas nos petits hommes d'État de traiter la liberté en despotes, de mettre la France sous leurs pieds, celle-là qu'ils avaient des épaules à porter le monde. Pour peu que cela dure encore quelque temps, pour peu que les lois proposées soient adoptées, la confiscation de tous nos droits sera complète.

Aujourd'hui, on fait prendre ma liberté de poëte par un censeur; demain, on me fera prendre ma liberté de citoyen par un gendarme. Aujourd'hui, on me bannit du théâtre; demain, on me bannira du pays. Aujourd'hui, on me bâillonne; demain, on me déportera. Aujourd'hui, l'état de siége est dans la littérature; demain, il sera dans la cité. De liberté, de garanties, de Charte, de droit public, plus un mot, néant. Si le gouvernement, mieux conseillé, ne s'arrête sur cette pente pendant qu'il en est temps encore, avant peu nous aurons tout le despotisme de 1807 moins la gloire, nous aurons l'Empire sans l'empereur.

Je n'ai plus que quatre mots à dire, messieurs, et je désire qu'ils soient présents à votre esprit au moment où vous délibérerez. Il n'y a eu dans ce siècle qu'un grand homme, Napoléon, et une grande chose, la liberté; nous n'avons plus le grand homme, tâchons d'avoir la grande chose.

Ce discours a été suivi d'applaudissements redoublés partant du fond et du dehors de la salle.

M. LE PRÉSIDENT : Une partie du public oublie qu'on n'est pas ici au spectacle.

Mᵉ CHAIX-D'EST-ANGE : Messieurs, deux questions ont été agitées dans ce procès; l'une de compétence : il s'agit de savoir si vous pouvez apprécier un acte dont la régularité vous est déférée; l'autre, du fond : il s'agit de savoir en fait si cet acte est légal, régulier, conforme à la constitution et à la liberté qu'elle a promise. Sur la première question, soulevée par moi-même, je dois entrer dans quelques détails. Je devrais négliger la seconde : incompétents que vous êtes, je ne devrais pas examiner devant la juridiction consulaire si l'acte de l'autorité administrative est légal et doit être aboli. Mais avant tout, messieurs, il y a un devoir de conscience et l'honneur que l'avocat doit remplir. Il ne voudra pas laisser sans réponse les reproches qui sont adressés; il ne voudra pas qu'il reste cette honte, il la repoussera, et ç'a été là, messieurs, la première condition de ma présence dans la cause, que si l'on adressait des reproches graves à l'autorité que j'étais chargé de représenter et de défendre, je prendrais la parole sur le fond, et prouverais devant des hommes d'honneur que l'autorité a rempli son devoir.

J'espère que j'obtiendrai de ce public, si ardent pour la cause de monsieur Victor Hugo, si ami de la liberté, cette liberté de discussion qu'on doit accorder à tout le monde. Que personne ici ne se croie le droit d'interrompre un avocat dont jamais de la vie on n'a suspecté la loyauté ni l'indépendance. (Mouvement général d'approbation au barreau et dans l'enceinte du parquet.)

J'examine la première question, celle de compétence. Il y a des principes que dans toute argumentation, il suffit, ce semble, d'énoncer, et qui ne peuvent jamais être soumis à aucune contradiction. Ainsi l'estime générale, ainsi l'expérience de tous les temps, ont consacré, de telle sorte qu'il n'est plus possible d'y porter atteinte, le principe de la division des pouvoirs dans tout gouvernement bien réglé.

Ainsi il y a le pouvoir législatif, c'est celui qui fait les lois; il y a le pouvoir judiciaire, c'est celui qui les applique; il y a le pouvoir administratif, c'est celui qui veille à leur exécution et à qui l'administration est confiée. Cette division n'est pas nouvelle. Le principe a été consacré dans des lois si nombreuses, dans des textes si précis, qu'il suffit de les énoncer.

Après avoir cité entre autres les lois de 1790 et de 1791, et invoqué l'autorité d'un vénérable magistrat, M. Henrion de Pansey, le défenseur ajoute : Je puis encore opposer à mon adversaire le témoignage d'un de ses collègues, de M. le vicomte de Cormenin, ce défenseur si ardent, si intrépide de la liberté. Il ne faut pas, disait M. le vicomte de Cormenin, lorsqu'il n'était encore que baron (rire presque général suivi de violentes rumeurs au fond de la salle), il ne faut pas s'écarter de ce principe tutélaire de la division des pouvoirs. Mon adversaire vous a cité le premier un jugement rendu par ce tribunal dans l'affaire relative à la pièce de MM. Fontan et Dupeuty, au sujet du *Procès du maréchal Ney*. Le tribunal n'a pas seulement appuyé le rejet de la demande sur le cas de force majeure, résultat de l'intervention des gendarmes; il a nettement reconnu l'incompétence de la juridiction commerciale pour prononcer sur un acte d'administration. Dans cette affaire, en effet, on avait vu, comme dans celle-ci, une espèce de concert entre les auteurs et le théâtre pour mettre le ministre en cause.

M⁰ ODILON BARROT : Ne nous accusez pas de manquer de franchise; nous n'avons connu votre intervention qu'à l'audience.

M⁰ CHAIX-D'EST-ANGE : Je vous prie de ne pas m'interrompre; j'ai déjà assez de peine à lutter contre les interruptions de certains auditeurs qui épient mes moindres paroles. Vous voyez que je n'ai pu, jusqu'à présent, prononcer les mots de *morale* et d'*outrages aux mœurs* sans exciter les plus inconcevables murmures. On a invoqué le jugement rendu le 28 juillet 1850, dans l'affaire du *Courrier français*. Un jugement rendu au milieu des combats et des périls, un jugement prononcé du haut de cette espèce de trône a proclamé l'illégalité des ordonnances du 25 juillet. Ce fut un grand acte de courage, un acte de bons citoyens; mais faut-il, dans des moments de calme, citer ce qui s'est passé dans des temps de désordres? Les juges qui ont rendu cette décision étaient comme les gardes nationaux, qui, illégalement aussi, se revêtaient de l'habit militaire et allaient combattre pour la liberté et les lois. Nous ne sommes heureusement plus à cette époque, et cependant monsieur Victor Hugo a une pensée qui le poursuit toujours; monsieur Victor Hugo pense que l'ordre qui arrête sa pièce vaut au moins les ordonnances de Juillet. Il pense que, pour faire cesser cet ordre, on est prêt, comme lors des ordonnances de Juillet, à faire une émeute, ou plutôt une révolution. (Nouveaux murmures dans les mêmes parties de la salle.) L'auteur l'a dit lui-même dans une lettre par lui adressée aux journaux; je le répète, parce que toute liberté doit entourer ici l'avocat qui parle avec conscience. (Applaudissements et bravos de la grande majorité des spectateurs.)

Oui, monsieur Victor Hugo a écrit qu'il voulait se jeter entre l'émeute et nous; il a eu la complaisance, la générosité d'écrire dans les journaux pour recommander à la généreuse jeunesse des ateliers et des écoles de ne pas faire d'émeute pour lui, et de ne pas ressusciter sa pièce par une révolution.

Dans l'intérêt de l'administration, je devrais m'arrêter ici; mais j'ai annoncé que je traiterais la question légale. Ici mes deux adversaires ne sont pas d'accord. Le client se roidit contre toute espèce d'entrave et toute espèce de mesures préventives, et veut, du moins avant la représentation, une liberté illimitée. Le défenseur n'est pas du tout du même avis : la censure pour le théâtre a paru au défenseur une question délicate; aussi son argumentation est restée entourée de ces nuages dont son talent aime quelquefois à s'envelopper au milieu d'une discussion. (On rit.) Il est devenu, en quelque sorte, insaisissable; il vous a prié de permettre à lui, homme politique, de ne pas prendre parti de ne pas vous dire le fond de sa pensée, car sa pensée n'est pas encore définitivement arrêtée. Or, je dis à mes adversaires : Mettez-vous donc d'accord. Si vous ne voulez pas la censure, dites-le franchement; si vous en voulez, homme populaire, ayez le courage de le dire avec la même franchise, car il y a courage à braver les fausses opinions dont le public est imbu et à proclamer ostensiblement la vérité. Je ne m'étonne pas, au surplus, de cette hésitation de mon adversaire. Lorsque monsieur Odilon Barrot fut appelé, comme membre du conseil d'État, à donner son avis sur la liberté des théâtres, il a reconnu la nécessité de la répression préventive; seulement il ne voulait pas qu'elle restât dans les mains de la police. Un des préfets de police qui se sont succédé depuis la révolution, monsieur Vivien, a partagé le même avis. Qu'on ne vienne donc plus nous présenter la censure dramatique comme une attaque à la Charte *avec effraction*, et que monsieur Hugo, dans son langage énergique et pittoresque, ne se vante pas de *souffleter* un acte du pouvoir avec quatre articles de la Charte.

Toutes les lois sur les théâtres subsistent; elles ont été exécutées sous le régime du Directoire; aucune n'a été révoquée. Pouvait-il en être autrement? Telle pièce peut être sans danger dans un lieu, et présenter dans d'autres les plus grands périls. Supposez, en effet, la tragédie de *Charles IX*, le massacre de la Saint-Barthélemy représenté sur le théâtre de Nîmes, dans un pays où les passions, où les haines entre les catholiques et les protestants sont si exaltées, et jugez l'effet qui en résulterait. Des trois espèces d'influence de l'autorité sur les théâtres dont vous a parlé mon adversaire, la seconde, celle de la censure, subsiste. En parlant de la première, celle de l'autorité municipale, mon adversaire est tombé en contradiction avec lui-même; car la loi de 1790 défend aux municipalités de s'immiscer dans la police des théâtres. L'influence des subventions n'aurait pas été traitée par un auteur dramatique. Cependant mon adversaire insiste; il prétend que c'est le ministre de l'intérieur et non le ministre des travaux publics qui devrait être chargé de la police des théâtres; il s'est attendri sur ce pauvre ministre de l'intérieur dépouillé d'une de ses plus importantes attributions. Eh bien! la police des théâtres est, aussi bien que les subventions, dans les attributions du ministre des travaux publics. C'est ce ministre et non celui de l'intérieur qui a été mis en cause dans l'affaire de la pièce du *Maréchal Ney*. Pourquoi, dit-on, le ministre n'a-t-il pas exercé envers monsieur Victor Hugo la censure préventive, ce que mon adversaire appelle la *bonne censure*? La raison en est simple. Le ministre a dit à monsieur Victor Hugo, qui se refusait à la censure : Je ne vous demande pas le manuscrit de votre pièce, mais donnez-moi votre parole d'honneur que la pièce ne contient rien de contraire à la morale. La parole a été donnée; voilà pourquoi la pièce a été permise sans examen.

M. VICTOR HUGO : Je demanderai à répondre à cette assertion du défenseur... (Bruits divers.)

Mᵉ CHAIX-D'EST-ANGE : Les censeurs, j'en conviens, ont tué la censure, ils l'ont souvent rendue odieuse; mais que l'on se rassure : nos mœurs publiques et l'opinion publique sont toutes-puissantes en France. Il ne serait pas dans le désir ni dans le pouvoir du gouvernement d'arrêter une pièce qui n'offrirait aucun danger pour la tranquillité ou pour la morale. Que monsieur Victor Hugo fasse un chef-d'œuvre (et il a assez de talent pour le faire), qu'il parle des bienfaits de la liberté comme il parlait autrefois des *bienfaits de la Restauration*, il sera écouté; et, s'il éprouve des entraves, justice lui sera rendue.

Mᵉ ODILON BARROT réplique sur-le-champ, et rappelle différentes circonstances où des actes administratifs ont été reconnus illégaux par les tribunaux. Tel fut le principe de l'arrêt de la cour de cassation au sujet de l'ordonnance de police qui enjoignait de tapisser les maisons lors des processions de la Fête-Dieu.

Ainsi les tribunaux ont toujours le droit d'apprécier les actes dont on fait dériver une poursuite ou une exception, de décider si cet acte puise sa force dans la loi, et si l'on peut fonder un jugement sur un pareil acte. On a eu le courage, continue Mᵉ Odilon Barrot, je dirai presque l'audace, de rendre le jugement que vous avez rendu dans l'affaire de l'imprimeur Chantpie et l'éditeur du *Journal du Commerce*, une espèce de sédition. Sans doute, comme citoyens, comme individus, vous avez le droit de résister à des actes d'oppression ; mais quand nous sommes revêtus de la toge, quand nous exerçons une fonction publique, quand nous sommes institués pour faire respecter les lois, nous ne les violons pas, et c'est faire injure au tribunal que de supposer que dans une circonstance quelconque, à la face du peuple, on a violé les lois. Non, messieurs, le tribunal de commerce n'a point violé les lois dans l'affaire Chantpie, et sa gloire est d'autant plus belle qu'il a résisté à l'arbitraire à la limite de ses devoirs. Il a maintenu le respect des lois en les respectant lui-même. Enfin le défenseur qualifie d'ordre posthume la défense notifiée au Théâtre-Français, le 10 décembre, par monsieur le ministre des travaux publics. Il n'en est pas moins vrai qu'en refusant, le 24 novembre précédent, de jouer la pièce, le Théâtre-Français avait enfreint les conventions passées entre lui et l'auteur, et qu'aucun cas de force majeure ne saurait être allégué.

M. VICTOR HUGO : Je demande à dire seulement quelques mots.

M. LE PRÉSIDENT : La cause a été longuement plaidée.

M. VICTOR HUGO : Il y a quelque chose de personnel sur lequel il serait nécessaire que je donnasse une explication de fait.

Un passage du plaidoyer de Mᵉ Chaix-d'Est-Ange me fournit l'occasion de rappeler un fait dont je n'avais point parlé d'abord, parce qu'il m'est honorable, et que je ne crois pas

devoir me targuer de faits qui peuvent me faire honneur. Voici ce qui s'est passé : Avant la représentation de ma pièce, prévenu par messieurs les sociétaires du Théâtre-Français que monsieur d'Argout voulait la censurer, je suis allé trouver le ministre, et je lui ai dit alors, moi citoyen, parlant à lui ministre, que je ne lui reconnaissais pas le droit de censurer un ouvrage dramatique, que ce droit était aboli, selon moi, par la Charte, j'ajoutai que s'il prétendait censurer mon ouvrage, je le retirerais à l'instant même, et que ce serait à lui à voir s'il n'y aurait point là, pour l'autorité, une conséquence plus fâcheuse que s'il permettait de jouer le drame sans l'avoir censuré. Monsieur d'Argout me dit alors qu'il était d'un avis tout différent sur la matière; qu'il se croyait, lui ministre, le droit de censurer un ouvrage dramatique; mais qu'il me croyait homme d'honneur, et incapable de faire des ouvrages à allusions, ou des ouvrages immoraux, et qu'il consentait volontiers à ce que ma pièce ne fût point censurée. Je répondis au ministre que je n'avais rien à lui demander; que c'était un droit que je prétendais exercer. Monsieur d'Argout ne s'opposa point à ce qu'on représentât la pièce, et il renonça à la faculté qu'il croyait avoir de faire censurer l'ouvrage. Voilà ce qui s'est passé; j'invoque ici le témoignage d'un homme d'honneur présent à l'audience, et qui ne me démentira pas. Si monsieur d'Argout avait voulu censurer ma pièce, je l'aurais retirée à l'instant même. Je déclare qu'une députation du Théâtre-Français est venue, le matin même, chez moi, me demander avec prière de ne pas retirer ma pièce dans le cas où le ministre voudrait la censurer. Je persistai dans la volonté de ne point me soumettre à la censure; je n'ai pas un seul instant voulu me départir de mon droit. Voilà un fait que j'aurais pu raconter en détail dans ma plaidoirie, et j'ai la certitude qu'il ne m'aurait attiré qu'une vive sympathie de la part de vous, messieurs, et de la part du public. Puisque l'avocat de ma partie adverse en a parlé le premier, je puis maintenant m'en vanter et m'en targuer.

Mᵉ CHAIX-D'EST-ANGE : Le fait que j'ai rappelé était nécessaire à la défense sous un double rapport, en fait et en droit. Il n'était pas inutile de répondre à cette argumentation de mon adversaire, que le ministre a négligé d'exercer la censure préventive avant la représentation. J'ai expliqué pourquoi on n'a pas insisté pour avoir communication de la pièce : c'est parce que le ministre avait assez de confiance dans l'honneur et la loyauté de monsieur Victor Hugo, pour être persuadé qu'il n'y aurait dans son drame aucune atteinte aux mœurs publiques.

M. LE PRÉSIDENT : Le tribunal met la cause en délibéré pour prononcer son jugement à la quinzaine.

L'audience est levée à six heures moins un quart. La foule, qui encombrait l'auditoire et toutes les avenues, a attendu monsieur Victor Hugo à son passage, et l'a salué de ses acclamations.

— *Journal des Débats*, 20 décembre 1832. —

FIN DE LA NOTE DU ROI S'AMUSE.

Paris.—Imprimerie Bonaventure et Ducessois.

LIBRAIRIE J. HETZEL, 18, RUE JACOB, PARIS.

Volumes illustrés.

Paris.—Imprimé chez Bonaventure et Ducessois, 55, quai des Augustins.

www.ingramcontent.com/pod-product-compliance
Lightning Source LLC
LaVergne TN
LVHW022207080426
835511LV00008B/1623